识干家

日進日新 學以致用

制造业
外贸营销网站
建设

宋金亮 著

沈阳出版发行集团
沈阳出版社

图书在版编目（CIP）数据

制造业外贸营销网站建设/ 宋金亮著．--沈阳：沈阳出版社，2020.8

ISBN 978-7-5716-1083-8

Ⅰ.①制…　Ⅱ.①宋…　Ⅲ.①制造工业－对外贸易－网站建设－研究－中国　Ⅳ.①F426.4－39

中国版本图书馆 CIP 数据核字（2020）第 130167 号

出版发行：沈阳出版发行集团 | 沈阳出版社

（地址：沈阳市沈河区南翰林路 10 号　邮编：110011）

网　　址：http://www.sycbs.com

印　　刷：河北宝昌佳彩印刷有限公司

幅面尺寸：170mm × 240mm

印　　张：14.5

字　　数：200 千字

出版时间：2020 年 10 月第 1 版

印刷时间：2020 年 10 月第 1 次印刷

责任编辑：马　驰

封面设计：仙　境

版式设计：仙　境

责任校对：王玉位

责任监印：杨　旭

书　　号：ISBN 978-7-5716-1083-8

定　　价：88.00 元

联系电话：024－24112447

E-mail：sy24112447@163.com

导 读

中国拥有700多万家制造企业，是不折不扣的制造大国。目前，国内制造企业的国际营销水平一直处于相对落后的阶段，尤其是中小企业，对外推广大多依赖于B2B平台，极少建立专业的营销网站。即使企业有心去做英文网站，内容也往往是东拼西凑、杂乱无章，让人看懂都很难，营销性更是无从谈起。

导致这种现象的问题是多方面的：

企业老板大多是业务或技术出身，懂产品却未必懂英文，将外贸网站建设工作直接丢给外贸经理。

外贸经理的英文水平确实不错，但鲜有在某一个行业多年深耕的，也许今天卖玻璃明天就卖均质机，产品的专业性有限。

也许公司还聘请了专门的网站优化人员，但这些人只是技术精湛，并不知道针对某种专业的产品应该如何策划和设计及做出真正具有营销性的网站。

最致命的是，国内似乎充斥着一种浮躁的风气，网站刚做出来几个月，就忙着问排名第几位？点击量多少？有询盘吗？但是，网站到底能不能给国外买家提供有价值的信息，却少有人关注，或者根本不知道怎么去考量。

笔者深耕于网站营销策划一线，独立策划了上百个不同行业的外贸网站，熟知制造企业在外贸网站建设上的需求和问题，也了解国内网站与国外网站的差距和痛点。

基于实战经验，本书将以全新的、系统性的视角，帮助制造企业的老板、外贸负责人及网站建设人员，完成从“技术优化”到“内容为王”的思路转变。这有利于真正解决国内网站普遍存在的设计华而不实、内容空洞无物的问题。

第一章是对目前国内外贸营销网站现状的基本论述，旨在让读者了解网站建设的基本原则和未来的宏观趋势。

第二章“如何分析营销思路”和第三章“如何迅速了解产品”属于网站建设前的准备工作，引导读者系统地分析自身产品的特点和定位，明确营销对象和方式。这是网站建设工作的起点，也是目前国内企业网站营销策划非常薄弱、缺乏理论指导的一环。

第四章“如何确定关键词”，用最实际的方式解决在其他语言中专业产品名称的准确性问题，摒弃早已落后无效的关键词堆砌。

第五章至第七章介绍了整个网站从无到有的执行过程，实用性极强，从“设计信息架构”“撰写广告内容”到“规划广告页面”，尽可能全面地讨论了所有可能的情况，并列举了大量的正反面实例，帮助读者理解和投入实践。

本书兼具宏观层面的营销思路和微观层面的实操方法，无论是老板、外贸员还是网站建设者，都可以轻松找到针对自身情况的精准指导，帮助其外贸网站从架构到内涵实现质的飞跃。

目 录

第一章

中国企业国际营销的瓶颈与解决之道

一、中国制造业出口的现状与风险

中国拥有700多万家制造企业，包括机械设备在内的各种工业制成品的出口份额占总出口份额的比例超过90%，同时出口规模已经达到全球出口的13.7%（2017年），是不折不扣的制造大国。但在国内产能过剩、国际局势复杂多变的当下，不仅中国需要在国际贸易中实现由“大”到“强”的转变，中国的制造企业也迫切需要通过全球化竞争谋求更多的机会和市场，从国内的价格拉锯战中得到喘息。

从贸易统计看，目前中国的出口竞争力主要来源于两个极端，即低技术制造业和高技术制造业。对于低技术的劳动密集型制造业，我们的劳动力成本已悄悄攀升，正面临着来自印度和东南亚各国的冲击；而对于所谓的高技术制造业，我们主要扮演加工和组装的角色，核心技术部件依然多半依赖美国、日本、德国等国家的进口。从整体结构性看，中国的出口形势前有拦路虎、后有追兵，面临着前所未有的贸易风险和竞争压力。要摆脱对加工贸易的依赖，提升在国际分工中的地位，让中国企业不仅能“走出去”，还能“走上去”，贸易之争将是一场硬仗。

每一个中国制造企业，都要在各自的行业与其他国家的企业展开竞争。对内，我们迫切需要增强自主创新能力，提升产品质量与服务；对外，我们同样需要积极开发市场，让更多国家的采购商真正认可“中国制造”的优势。而在国际范围内准确地定位自己、有效地营销自己，则是完成上述目标的关键一步。

作为世界第二大经济体，同时也是工业体系最完整的国家，中国在这场“贸易之战”里，无论对手或伙伴，都不只是美国、俄罗斯或某几个国家，必须把眼光放到全球市场。事实上，来自美国、欧盟和日本三大经济体的采购商数量的确在逐年下滑。与此同时，中国对非洲、东盟等新兴经济体的出口额正加快增长，尤其是“一带一路”沿线国家。

我们的采购订单来源地明显变得更加多元化。当这个“战场”的范围越来越大，供应商或采购商面临的选择也越来越多，迫使我们采用与之相适应的新的广告和营销手段，而且要求也越来越高。

二、出口贸易，从线下的“拥堵”到线上的“拥堵”

中国企业的国际营销，尤其是国际互联网营销，已经走过了一个非常漫长的“起步期”。在“互联网时代”，“营销”这个词还不像现在这样热门的时候，中国企业的出口主要是依赖展会。而如今通过互联网，全球各地的产品信息如潮水般涌向同样在世界各地的采购商。对于足不出户就可以了解到的信息，采购商们已经越来越没有动力耗费大量的时间和金钱坐飞机去世界各地参加展会。然而，依然固执于“眼见为实”、偏重线下而几乎完全忽视线上的传统工厂，在国内并不在少数，这是我们需要认识到的第一个问题。

事实上，广交会采购商数量在过去5年里连续下降，HubSpot的调研更直接指出，目前已经有至少48%的人是不参加各种展会的，这一比例同样在逐年扩大。在获取客户和开发市场上，国际互联网已是最重要的营销途径。

在欧美国家，已有许多中小企业在国际贸易中充分使用国际网络营销，90%以上的企业都建立了自己的网站。我们不得不面对的现状是，国内大多数制造企业，在国内市场的自媒体运营、线上线下联动、软文广告都做得风生水起；对外贸易却只能依赖于B2B贸易平台来完成，许多企业甚至都没有建立外贸营销网站。即使做了英文版本的官网，内容也十分简略粗陋，甚至是将中文官网的内容直接机译而成，能让人看懂都是问题，“营销”价值又有几何？

还有一些中小型规模的工厂，由于不懂营销，不懂网络，也不懂国际贸易，真正能接触和使用的跨境营销方式非常有限，只能依靠外贸公司来卖产品，或者做贴牌代工，甚至连自己的官网都没有。这些企业的问题在于，即使老板有心去做好线上推广，也不知道从何下手。于是，直接选择某个知名的 B2B 平台，按照其要求来搭建店铺，这样操作要容易得多。

然而，通过 B2B 平台来做国际互联网营销，其实有着天然的局限性。无论阿里巴巴还是环球资源，都需要在搜索引擎上买广告、吸引采购商进入平台；采购商也必须先知道这个平台，然后才可能去了解平台上的众多供应商，因此它能带来的采购商注定是非常有限的。B2B 平台实际上相当于一个线上的展会，把国内的供应商都集中在一起，让国外采购商挑选和比对。

当然，这种方式无疑给采购商们提供了极大的便利，他们的选择余地更大，也直接造成供应商之间的竞争更加激烈、价格更加透明。这也是 B2B 平台更加致命的第二个缺陷。平台上存在很多毫无针对性可言的询盘，即采购商对某家企业发出询盘后，平台就把它转发给行业内的其他企业，这些企业回复询盘时还得从公司介绍开始，但最终又回归到价格战上。这些询盘花费了业务员大量的精力，但收益完全不相配，询盘转化有时甚至达到 100∶1 的恐怖比例。更恶劣的情况是，采购商也许今天选择了一家还不错的企业，合作也很愉快，但明天就可能选择另一家出价更低的企业，而抛弃原来的企业。这种贸易摩擦和不忠诚的合作，在平台上屡见不鲜。为了让自己处于更优势的地位，也会有许多企业选择直通车、店铺装修等更昂贵的服务，但依然摆脱不了高价低效的困局。

从现状和结果来看，在国外采购商——平台——国内供应商三方关系中，采购商的获利自然是越来越多的，平台的规则也明显是站在采购商这边，为采购商节省成本，而供应商的利润空间被不断压缩，甚至使中国制造企业陷入同质化、廉价和低质的怪圈。

缺少国际互联网上的自主营销渠道，就是我们迫切需要解决的第二个问题。原本，选择线上营销就是为了避开展会的拥堵，获得更加广阔的市场，在国际范围内实现差异化竞争。结果大家又重新陷入 B2B 平台的“拥堵”之中，陷入只能与成千上万的国内同行比拼价格的同质化竞争中，这一番辛苦，究竟所为何来?

三、 SEM——迄今最优秀的营销方式

每一个上网的人，寻找某个东西或者某条信息，第一个动作都是打开搜索引擎。根据 Jupiter Media Metrix 的统计，67% 的消费者通过搜索引擎来寻找和购买在线产品。中国互联网络信息中心（CNNIC）在 2015 年的统计报告中指出，网民得知新网站的十多个主要途径中，由“搜索引擎”得知的比率占到 91.2%。搜索引擎，可以说是互联网最主要的入口。

对于采购商来说，先通过搜索引擎了解相关产品和供应商信息，再去考虑洽谈和采购，这是他们的习惯。通常，采购商在接触工厂之前就已经完成了搜索、认证、比较、筛选等大半的采购流程。要想脱离 B2B 的泥淖，直接接触更多的新买家，建立一个自己的独立网站，并利用搜索引擎进行推广，是最直接有效的方法。

基于这样的生态，搜索引擎营销（Search Engine Marketing，简称 SEM）已经是目前最主要的网站推广手段之一，包括竞价排名、点击付费广告（Pay Per Clink，简称 PPC）、搜索引擎优化（Search Engine Optimization，简称 SEO）等。它具备了承自互联网的便捷、传播范围广、

低成本、无地域限制的特点，又具备极高的精准性和针对性，可以说是迄今最优秀的推广和营销方式。

可喜的是，现在一些相对成熟的企业已经开始认真建立自己的独立网站，也积极利用搜索引擎上的竞价排名和优化来推广自己的网站。设计漂亮、内容丰富、排版合理的网站，在各行各业都已经有企业做出尝试和示范，尤其是在激光切割机、LED 灯等竞争激烈的行业。但是，从整个中国制造行业的普遍情况来看，优秀的网站实在难得一见，尤其是真正“内”“外”兼修的网站——不但页面华丽，而且逻辑架构合理、文字内容吸引人的网站，可称凤毛麟角。

在这方面，我们依然远远落后于欧美国家。这跟企业本身的规模大小无关，完全是理念和习惯所致。有些国外的小公司，或许规模只能算一个家庭作坊，但网站依然做得非常用心。企业介绍可能是老板自己写的，讲述因为什么契机进入这个行业，这些年来在这个行业多么专注，以什么样的责任感来经营这家公司；对每款产品的介绍都有不同的侧重，内容平实易懂，通过文字就能感觉到，这是一个非常有经验的产品专家在热情地向你推荐他的作品。

要做这些事情并不难，我们也不是做不到，国内很多直接面向消费者的广告上就常有别出心裁的设计和文案。奇怪的是，一到企业对企业的营销，尤其是工业品的营销，内容质量就仿佛被腰斩，敷衍随意得令人诧异。

四、重“技术”轻“内容”的营销怪象

客观地看，我们并不能说是国内制造企业对搜索引擎上的营销不够重视，恰恰相反，关于 SEO 技术、竞价排名怎么设置关键词、网站权重和得分等问题，大家对此都还研究颇深。许多企业还专门设立了网络

部门，雇用了专业的 SEO 人员来维护网站；对于搜索引擎第一页里那几个广告位，几百家企业都会各显神通、激烈竞争。但这其中有以下两个普遍存在的怪象：

第一个怪象：懂产品的人不搞营销，搞营销的人不懂产品。那些做 SEO 的、做网站的、做排名的、做外贸跟单的人才，少有一直在某一个行业多年深耕的。即使今年卖木工雕刻机、明年卖电子显示屏、过两年又换成光学玻璃，只要还在做 SEO、做外贸，好像就不算改行。对一个中小企业来说，整个公司里最懂产品的可能就只有老板，老板要么就是搞业务的，要么就是搞技术的，分身乏术，不可能对网络营销的事务投入太多的精力。

第二个怪象：虽然 SEO 优化、搜索引擎广告看似做得如火如荼，但对每一种营销方式的利用往往都止步于“技术”层面，甚至舍本逐末，沦为有“排名”而无“营销”。有些做 SEO 的人，关键词布局、排名规则讲得头头是道，但对产品优势、买家利益却很难说到要点。这样急功近利的心态和浮躁的风气实在令人担忧，势必为中国制造业的长远发展埋下隐患。要知道，点击率、曝光率等都只是互联网营销的第一步，如果为了追求这些而忽视网站的营销性和有效内容，采购商们看了就走了，企业依然是“竹篮打水一场空”。

从长期来看，这种重“技术”轻“内容”的模式越来越得不偿失，尤其是 SEO，必须基于有价值的内容才能发挥作用。SEO 相当于最大限度地利用搜索引擎的“机器逻辑”来使自己排名靠前，但优质的营销内容就是要尊重买家想看什么，即用户的、人的逻辑。如果看重 SEO 胜过看重内容，就是牺牲对买家的友好去迎合搜索引擎，这也是有人点击却没人询盘的根本原因。

在搜索引擎越来越智能化的今天和未来，它的“机器逻辑”可能会更加向“用户逻辑”靠拢，直至无限接近。因为搜索引擎公司实际上都是广告公司，靠巨大的流量来吸引广告主在搜索引擎上投钱做广告。而搜索引擎吸引流量的唯一方式，就是通过优秀的算法，尽可能地为用户提供有价值的信息，获得用户的认可和信任，让越来越多的用户选择使用搜索引擎作为搜索工具。一旦搜索结果里开始充斥着垃圾网页，用户体验下降，马上就会反馈到市场占有率和流量上。说白了，用户一直使用某个搜索引擎可能仅仅是出于习惯而已，如果决定要更换另一个搜索引擎，对用户来说是不用花费额外成本的。

想明白了这个问题，搜索引擎到底是使用什么算法来筛选信息的尚且是其次，它的目标已经明明白白地摆在眼前——用户想看什么，就展示什么！企图通过堆砌关键词和外链、制造大量“伪原创”文章的方法去获得搜索引擎的青睐，只会越来越难。不仅无法带来询盘转化率，反过来还会影响点击率，因为学聪明了的搜索引擎很快就会发现这些内容并不讨用户的喜欢，为了保证用户体验，它一定会想尽办法清除掉这些内容。

笔者曾看过许多粗制滥造的网站，整个网站的网页数有成百上千个，但被搜索引擎收录的页面数只有可怜的十几个，就是因为其中太多的页面都是重复的、低价值的。如果网站使用了隐藏页面、堆砌关键词、垃圾外链等作弊手段，搜索引擎还可能会对整个网站进行惩罚，惩罚手段也是毫不留情的，包括所有关键词排名下降、不予收录，甚至关闭该网站。

2006 年，德国宝马公司的网站曾因为使用隐藏文字嵌入关键词遭到 Google 的封杀。虽然当宝马公司承认错误并整改后，Google 依然恢复了对其德国网站的收录和排名，但这一举措足以反映 Google 对于恶意优化的零容忍态度和雷霆手段。

从历史发展的角度看，SEO，尤其是黑帽 SEO①，很可能只是搜索引擎初始成长阶段的一个副产物，其生存空间仅仅来自搜索引擎算法与

① 黑帽 SEO：使用垃圾链接、隐藏网页、桥页、堆砌关键词等作弊或可疑手段来提高网页自然排名的搜索引擎优化。

用户真实搜索需求之间的差距。当搜索引擎有能力通过更复杂的算法来无限接近用户的行为逻辑，“搜索引擎优化”这个概念就自然而然地被消解了。到时候，搜索引擎的要求和用户的要求合二为一，建站者只需要充分考虑用户想看什么，自然就会得到搜索引擎的认可。此外，不会再有任何只针对搜索引擎的额外工作，可以称之为“搜索引擎优化”了。

五、用“心”做出好营销

说了这么多“病症”，接下来笔者要给的“药方”非常简单——建立优质的独立站，利用搜索引擎做全球互联网营销；独立站的内容则应以用户感兴趣的、专业的产品信息为基础素材，以用心的营销策划和设计加以完善。

从根本上说，就是“懂产品的”和“做营销的”绝不能是泾渭分明的两批人，必须通力合作、合二为一。工业产品有自己的专业特点，网络广告亦有自己的规则，在网站制作中无论是偏重哪一方的意见而忽视另一方，都会导致最终的效果不尽如人意。我们必须一起站在“如何让用户看到更有价值的内容”的角度上考虑，用心去做外贸独立站。而一个合格的营销策划人员，就是将企业的广告想法外化并落实为一个独立站的关键角色，是打通“懂产品”与“做营销”二者之间联系的重要桥梁。

笔者撰写拙著的目的有二：一方面，是想告知制造业的老板和懂产品的行业专家们，互联网营销没有想象得那么难，你所了解的产品知识和行业经验恰恰是整个独立网站能否吸引客户的关键，也是网站的灵魂；另一方面，也想告诉从事互联网营销的同行，工业产品知识同样没有想象得那么难，认真学习和了解产品特点、客户群体之后，你引以为傲的那些营销知识和推广手段才能发挥出真正的价值，甚至比你想象得还要出色。

笔者有幸曾在营销策划第一线工作，虽短短数年，但小有收获。作为一个营销策划人员，要为某个可能之前从未了解过的工业产品做广告方案，还要考虑它最终必须能够落实和呈现为英文、西班牙文、俄文或更多语言，所要完成的必然是一个综合性的系统工程。对于如何做好这件事，笔者和团队的战友们摸爬滚打，也曾反复摔打，而这本书就是笔者根据这些经验和教训做出的总结。

在架构上，拙著第二章至第七章，从最开始的思路分析到最后的页面规划，按照完成整个网站策划的工作步骤来一一介绍。这些内容大部分都具有较高的适用性，不仅仅局限于国际互联网营销，可以说只要是想做产品营销网站，这些原则和技巧都是适用的。

当然，有些内容只能算是笔者的一家之言，不敢说放之四海而皆准，如果能给诸多致力于将产品销往全球村的中国制造企业，或从事营销策划的同道中人，带来一点启发或借鉴，则善莫大焉。

第二章

如何分析营销思路

全球制造业产品千万种，搜索引擎上的广告数据如同汪洋大海。要想让买家在茫茫数据海洋中找到你，首先需要找到自己——我是做什么的？我是为谁做的？他们为什么应该选择我们……

知道自己是谁，知道自己产品的对象是谁，知道他们想知道什么，我们才能有的放矢，针对自己的买家来做广告。

因此，当你面对“卖什么”这个问题的时候，如果只回答“做工业管件的”“做凹版印刷机的”“做塑料模具的”“做冷库的”，也许你仅仅回答了这个问题的十分之一。作为广告策划人，我们需要更加深入地思考。

一、明确你的产品类型

好的营销思路，应该尽可能地迎合目标买家的采购行为，让买家在你的营销框架下非常容易地找到自己想要的产品，并且非常容易地了解到他所关心的产品信息。

要分析好某类产品的营销思路，有一个非常重要的思考方式：这种产品对买家来说，是标准的还是定制的？事实上，所有产品的营销思路几乎都可以归结为两种：对标准品的营销，或对定制品的营销。

做标准品的公司，买家买的就是这个公司“已有的产品”。那么营销广告中就需要展示每个产品本身的卖点，需要把每个产品的结构、材料、功能、参数等要素都讲清楚，而且富有吸引力，让买家觉得“这个就是我要的东西”。

而做定制品的公司，就意味着没有固定产品，只要在加工能力范围内，买家要什么就能做什么，因此买家买的是这个公司“有能力做的产品”。这时我们就需要展示公司拥有的能力和资源，包括原材料、加工能力、制造经验、设计能力、配套服务等，一切只为了证明“我确实有能力做你要的东西”。

因此，我们很容易了解标准品或定制品的区别，会直接影响整个营销思路的设计方向。二者的主要特点可总结为表 2－1。

表 2－1　标准品或定制品的特点

类型	产品范围	营销重点	主要思路
标准品	有限	产品	介绍现有产品
定制品	无限	公司	证明制造产品的能力

1. 标准品与定制品的区别

从常规理解来看，标准品一般是有很多标准的型号、规格甚至国际编码的产品。做标准品的公司几乎可以把自己能卖的产品全部列出来，买家浏览产品列表或型号就能直接购买自己需要的产品。这大概可以分为以下两类：

第一，有国际通用的型号或规范。最典型的比如电线电缆，接口类型、技术参数等完全符合各个国家的标准；汽车滤清器，虽然看起来是按汽车品牌来定制，却有几千个国际通用的 OEM 代码，每个 OEM 代码直接限定了对应滤清器的品牌和尺寸，其实这已经非常接近标准品。

第二，只卖自己的型号。比如压铸机、加工中心、电弧焊机等标准化的设备，或热熔胶、硅橡胶等型号特别齐全的产品。这些公司大多直接卖自己已经研发出来的型号，每款型号都有详细的参数，且每个参数都是固定的。

那么什么是定制品呢？定制品就是没有固定产品，也几乎不可能穷举出自己能做的所有产品，只是利用自己的原材料、加工能力、装配能力及对这类产品的了解，按照不同买家的不同要求来做产品。

这种情况非常多，比如生产自行车轮胎的公司，大多是给自行车的生产厂家做配套的公司，自然是那边要做什么样的自行车，这边就按要求生产什么样的轮胎。工业钢制管件，几乎都是给工业管道工程做配套的，用什么材料、什么工艺、做什么形状、什么尺寸、什么国际标准的管件，完全取决于工程的要求。此外，还有给别人做建筑工程的、做CNC（精密加工）加工服务的、做产品包装盒的……都属于“定制品”。

上面这些只是例子，帮助大家对标准品和定制品形成概念。本质上，到底是什么造成了标准品和定制品的差别呢？从普遍规律看，主要是以下三个因素：

一是通用性。产品的通用性越强，就越接近标准品。因为定制品是需要花费额外成本的，如果不需要做什么定制品就能满足绝大多数客户的需求，企业当然会更多地卖标准品。如果客户对这类产品的需求极为细致和差异化，一个产品做出来之后几乎就只能适应某一个用途，根本不会有人再买，显然这个企业只能卖定制品。

二是新产品的研发难度。新产品的研发难度越大或研发周期越长，公司就越倾向于做标准品。这种情况下，为了某一个订单做定制品，对企业来说在成本上不划算，客户也等不及。那么企业只能自己先去研究市场上常见的需求，并先开发出各种类型的产品来满足这些需求，以便客户能直接购买。如果定制一个产品非常简单，无非是换几个配置、组装一下，那么卖定制品就能在不增加生产成本的情况下满足更多客户的需求，企业会更加有利可图。

三是市场地位。如果一种产品在市场上既有定制品又有标准品，那么公司的实力越强，相对于买家的市场地位越高，越有可能是标准品。同样的道理，定制品是需要花费成本的。所以，当这个公司相对弱势，必须争取更多买家的订单才能生存，那么花更多的成本尽量满足更多买家的需求，是能带来更多收益的；当这个公司有了足够的市场，对订单有了选择的余地，直接卖标准产品显然是成本更低的途径，定制服务就不是必要的了。造成标准品和定制品差别的因素，如表 2 - 2 所示。

表 2－2　造成标准品和定制品差别的因素

类型	通用性	研发难度	市场地位（相对于买家）
标准品	高	高	强势
定制品	低	低	弱势

实际情况可能千变万化，上面这几条只能帮助你思考。当你要判断某个公司到底是做定制品还是标准品时，不能只看产品是什么，一定要清晰了解这个公司的情况。

2. 常见误区

不过，针对国内的实际情况，作为“世界工厂”，中国大多数制造企业都是做定制品的。有的也许是标准品与定制品并重，有的可能完全是定制品。致命的是，国内企业自己做营销时，大多都只知道如何去营销标准产品，对定制产品的营销几乎没有概念，充其量只是在产品介绍或企业介绍里加一句“本司接受非标产品定制”。

为什么我们要强调标准品和定制品的概念？其中，一个重要原因就是中国制造业的“定制能力”是在国际市场上的主要优势和市场定位所在——至少目前来说是这样。但这些制造企业对于自身“定制能力”的营销又实在太薄弱，往往得不到应该有的体现。

下面是三种最典型的、容易忽略定制能力的情况，我们一一分析。

（1）卖做过的型号，更卖加工定制品

这种公司的产品列表中会有非常多你完全看不懂的型号，比如 WXD-2F、24. 15NS. 25，但都是这个公司自己命名的，不是国际标准。在很多客户的眼中，这种有型号的产品就叫“标准品”。但是，经常会出现一种情况，就是这个公司实际上是做定制品的，而列出的那些有名有姓有图片有型号的产品，只是他们做过的例子而已。当然，确实有可能会有买家看着某某型号刚好符合自己的需求，于是说就买这个现成的产品。但只要有买家觉得现有型号不符合自己的需求，这个公司也能按新的需求来定制产品。

那么问题来了，如果我们只是简单粗暴地认为这个公司是卖“自己现有的型号”，而不去认真介绍他们的定制范围和定制能力，那些需要特殊定制的买家并不能在广告页面上得到直接的信心支持，我们也会更难得到他们的询盘。那么多不同的国家、不同类型的客户，他们对产品的要求千奇百怪，想要让他们相信我们确实有能力做出他们想要的特殊的产品，仅靠列举是不行的，只有“定制服务”才能真正把他们的需求一网打尽。

要解决这个问题，办法也很简单，就是需要把这个公司的产品理解为定制品（Custom）和标准品（Standard/Stocked）两个部分，并针对定制品专门设计一个详细的广告介绍模块，其内容可以包括定制范围、定制能力和资源、定制流程等。当然，我们依然可以列举很多曾经做过的、差异化较大的产品作为“定制案例”来展示，但此时我们的展示目的非常明确，是为了证明定制经验丰富、什么要求都能满足，而并非要卖这些产品。

单独列出“定制服务”最大的好处是，让你的买家一眼就能明白这个公司是做定制品的，并且能够从定制介绍里清楚地知道这个公司能不能做自己需要的产品。只要是这个公司有能力做的产品，买家都能对应到自己的需求，而不会被局限于那几款现有产品的介绍。

比如下面这家卖五金配件的公司，其产品栏目就明确地划分为库存产品（Stock Products）和定制铰链（Custom Hinges），其中定制栏目还细致地为客户介绍了铰链的结构（Anatomy of Hinges）、铰链的类型（Types of Hinges）、选型指南（Selection Guides）等参考信息，帮助买家迅速做出选择。如图 2－1 所示。

针对不同公司的情况，具体应该如何设计、如何规划，后续的章节中还会提到。

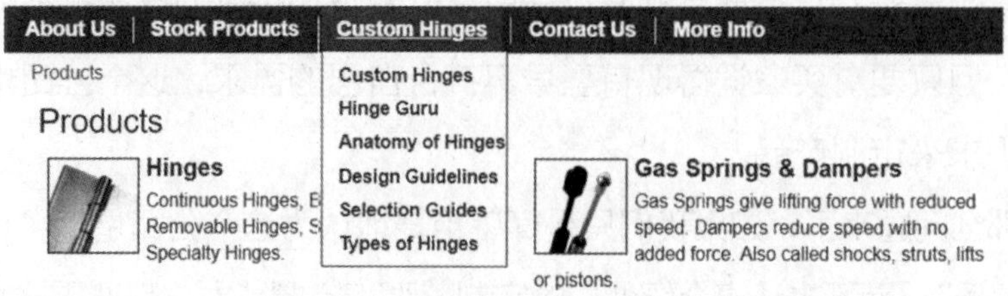

图 2-1　主营各类五金配件的某国外公司网站的导航栏

(2) 既卖单品，又卖系统组合方案

这个问题的重灾区是各种工程配件产品，比如 LED 灯条、塑料管道/管件、门窗等产品。这种产品的特点是，单个产品看起来都是可以直接买、直接用的标准品，但不同系列的产品组合起来使用，就可以构成一个完整的系统，比如 LED 灯条用于建筑照明工程，塑料管道和管件用于市政供水工程，等等。因此，这种产品一般是既能卖给经销商，也能卖给工程商。

问题在于，对经销商的卖法非常简单，介绍清楚现有的标准品就行了。对于工程商，我们卖的不是单个产品，而是整个系统，是一套“定制解决方案”。我们需要向买家证明能提供系统中所需的所有部件，而且最好还要有足够的经验和专业能力，能根据工程需要来帮助对方完成项目规划、产品推荐和配套服务等。要把这个针对于工程商的“定制解决方案”介绍清楚，需要清晰的市场定位和强大的知识结构。如果这个公司在这方面的营销意识不够敏感，对工程商的有效营销就会被直接忽略。

比如做塑料管材和管件的工厂，其实最重要的买家是做供水管道的工程商，工程商会直接买管道工程所需的所有管材和管件。因此，这种公司真正的产品应该是“PB 管道系统”“PPR 管道系统”等，还需要按照细分的市场需求，在应用栏目中详细介绍“纯净水供水管道”“冷热水供水管道”“地热采暖管道”等，以吸引工程商询价。

遗憾的是，很多工厂并没有意识到这一点，他们的产品列表中往往只罗列了“PB 管材”“PB 管件”“PPR 管材”“PPR 管件”，甚至还会详细列出“PB 弯头管件”“PB 三通管件”“PB 四通管件”，更有甚者，每个管件还会单独做出一个详细的产品介绍页面，却完全没有考虑“饮用水管道系统”“冷热水管道系统”“辐射地暖管道系统”才是他们真正的“产品”。

下面这个例子非常典型。从公司介绍来看，这家公司的客户群体非常明确，无论是“供水工程建设者”还是“自来水厂”，客户需求显然都是为一整个工程采购配套的所有管件。但这家公司的产品分类和介绍完全是按照零卖管件的思路来做的，而且导航栏上也没有其他栏目能够体现自己的工程能力。如图 2－2、图 2－3 所示。

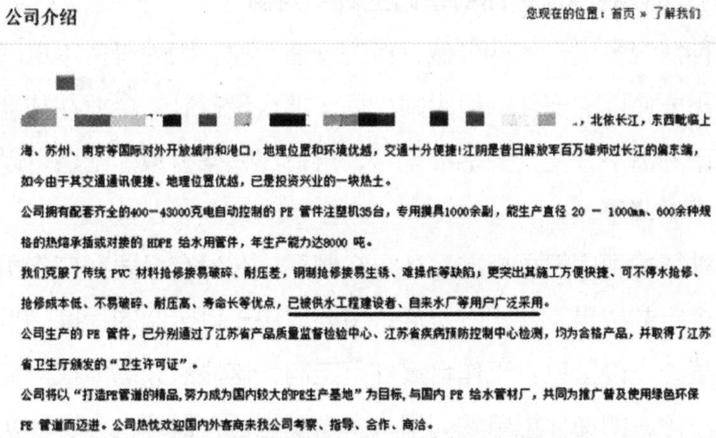

公司介绍　　　　您现在的位置：首页 » 了解我们

[redacted]，北依长江，东西毗临上海、苏州、南京等国际对外开放城市和港口，地理位置和环境优越，交通十分便捷!江阴是昔日解放军百万雄师过长江的偏东端，如今由于其交通通讯便捷、地理位置优越，已是投资兴业的一块热土。

公司拥有配套齐全的400－43000克电自动控制的 PE 管件注塑机35台，专用摸具1000余副，能生产直径 20 － 1000mm、600余种规格的热熔承插或对接的 HDPE 给水用管件，年生产能力达8000 吨。

我们克服了传统 PVC 材料抢修接易破碎、耐压差，钢制抢修接易生锈、难操作等缺陷；更突出其施工方便快捷、可不停水抢修、抢修成本低、不易破碎、耐压高、寿命长等优点，已被供水工程建设者、自来水厂等用户广泛采用。

公司生产的 PE 管件，已分别通过了江苏省产品质量监督检验中心、江苏省疾病预防控制中心检测，均为合格产品，并取得了江苏省卫生厅颁发的“卫生许可证”。

公司将以“打造PE管道的精品,努力成为国内较大的PE生产基地”为目标,与国内 PE 给水管材厂，共同为推广普及使用绿色环保 PE 管道而迈进。公司热忱欢迎国内外客商来我公司考察、指导、合作、商洽。

图 2－2　某塑料管件公司网站的企业介绍

图 2－3　某塑料管件公司网站的产品中心

对于要买一整个管道系统的工程商来说，这种营销方式有害无益——你说话的方式决定了对方看待你的方式，即使是真正的工程商看到了你的广告，也难以直观地明白你是在跟他说话，也难以了解自己真正关心的内容，甚至可能以为是自己不小心找到了一个管件零售商，自然不可能主动联系你。这是非常可惜的事。

在这一点上，做广告和找对象的道理是一样的——你怎么介绍自己，你就会吸引什么样的人。你介绍 PVC 管材和 PVC 三通管件，就只能遇到买 10 米管材、5 个管件的人；你介绍工程配套、系统应用和项目案例，你和真正的工程商才会在茫茫网络中相遇。

（3）可以在标准产品的基础上做“定制”

这种情况多见于各种机械设备的制造企业。因为设备本身的工作原理、所需要使用的部件一般大同小异，那么设备制造企业往往会针对最普遍的市场需求开发一些标准型号，再备注哪些参数、配置可以根据客户的要求做调整。

这种情况到底算是标准品还是定制品，有没有必要在广告页面上单独列一个定制栏目，这比较灵活，主要取决于可定制的程度高低。

如果一个设备只有工作台尺寸可定制，这显然只需要在产品参数表里标记一下，即使你想单独列出一个定制栏目，最终也会发现实在没有好介绍的。如果一个设备不仅尺寸、工作速度、适用材料都可以改变，还能根据要求添加很多附加功能和装置，那么把它定义为定制品就是更合理的。或者还有些产品的情况是介于二者之间，那么它属于标准品还是定制品，就取决于这个企业自己的战略想法了。

明确了你的产品类型是标准品还是定制品后，市场定位、买家群体和买家的需求也随之清晰，我们的所有营销设计和策划都将基于这个已知条件来展开。

二、 锁定你的客户群体

仅仅知道你做的产品是什么，并不能定义你是谁；“你把什么产品卖给谁”，才能真正定义“你是谁”。要知道这世上本没有产品，所谓产品，无非是“某些人愿意为此花钱的东西”，我们要让“某些人”花钱，广告内容里必须展示他们感兴趣的、解决他们担心的问题。开口之前，我们必须清楚是在跟谁说话。

首先，我们来了解一下常见的客户群体。根据经验，各种产品对应的客户群体一般包括以下几种，供大家参考和初步熟悉：

❖工业设备类：客户群体主要是使用这些设备的工厂。比如织带机卖给织带厂，激光切割机卖给钣金加工厂，垃圾分选机卖给垃圾处理厂，这非常好理解。常见的情况还包括卖给设备贸易商、代理商，或给其他品牌提供 OEM 定制。此外，如果是起重机、挖掘机、收割机等实用型设备，还可能卖给工程商或设备租赁公司。

❖工业部件类：工业部件在这里泛指电位器、电机、减速机、轴承、联轴器等产品，这类产品一般是作为组成部件直接卖给生产和装配各种设备的工厂。此外，也可以批量地卖给贸易商。

❖易耗件/配套件类：这类产品一般都是按照适用设备来定制的，比如折弯机模具、经编机针、汽车滤清器、剪草机刀片等。买这些易耗件的人，既可能是使用这些设备的终端用户，也可能是制造这些设备的工厂，还可能是专门的配件经销商。以剪草机刀片为例，它可以作为设备配套件卖给剪草机的制造工厂，也可以作为日常消耗品直接卖给园林绿化管理公司，还可以卖给各种品牌剪草机刀片的贸易商。

❖材料类：包括铝合金、工程塑料等原材料，以及导热材料、热熔胶等辅助材料。这类产品的采购商很好找，要么是使用这些材料的工厂，要么是经销商和贸易商。

❖日常消费品类：比如玩具、包装盒、工艺品、玻璃瓶、餐具、地毯、灯具等。因为这些产品大多单位价值较低，必须批量卖才行，要么是卖给贸易商，要么是给别的公司提供 OEM/ODM 定制。此外，可能还存在一些终端客户批量采购的情况，比如餐具、灯具等产品可以卖给高端宾馆，也可以当作商务礼品给一些大企业做定制工艺品。

❖工程类：对于有能力承包整个工程项目的，比如冷库工程、无尘室工程、混凝土生产线工程等，客户群体就非常直观了，谁会用谁就会买。

❖工程配套类：常见的有门窗、铝型材、LED 灯、水电表、管材、管件、阀门等，这些产品可以按照工程需要来定制，并直接批量供应给工程商。比如做门窗的工厂，可以给一个住宅小区供应所需的所有门窗；做 LED 灯的工厂，一方面有可能直接卖给经销商甚至超市，另一方面完全有可能给某个室内照明工程配套提供 LED 灯。

❖……

确认了买家群体后，整个广告思路的设计就必须紧紧围绕广告对象——你的买家来设计。

我们通过搜索引擎做互联网广告，得到的买家都是精准的、要找这个产品的人。买家同时带着需求和疑问而来，通过我们的广告内容做出判断。广告内容越符合他的需求，越能解决他的疑问，我们赚钱的机会就越多。当买家已经明确你的产品就是他要的，而且心中的疑问都已经通过你的广告内容提前得到解答，只剩下一个疑问“这个多少钱”，此时，我们的广告就圆满地完成了任务——让“看产品的人”变成“买产品的人”。

即使是完全相同的产品，其买家对象也可能有很多种，而且这些买家买产品的目的各有不同。不管你想把产品卖给哪一类买家，都必须考虑这一类人关心的是什么，并进行足够深入的换位思考，以需求为

“试题”，以对应的营销思路为“答案”。因此，当你考虑的买家群体不同时，你的广告营销重点会有明显的迁移，甚至整个营销思路都可能随之颠覆。

1. 工厂

工厂需要采购材料、配件、设备、工具等生产资料来完成生产。从某种层面来说，其实可以把工厂理解为终端用户，因为他们的确是直接使用你的产品的人，只是他们使用你的产品的目的在于，如何让自己能做出价格更低、质量更好的产品。事实上，一个工厂使用什么原材料，使用什么加工设备，直接决定了他们能做什么、能不能做好。

意识到这一点后，从工厂的角度考虑，如果我们是卖材料/部件的，除了介绍产品本身，还需要强调如何控制产品质量、如何保证稳定的供货、能不能根据不同的目标产品来提供定制部件，等等。如果我们是卖设备，则可以介绍我们的设备如何易于操作，如何帮助他们提高效率和产品合格率，如何保证设备的耐用性和提供长期的维护服务、避免昂贵的停机成本，等等。

2. 工程商

工程商与其他类型客户的不同点在于，他买的不再是一两个产品，而是组合后的一整套产品。首先，我们可生产的产品类型能否满足整个工程的综合性需求，这是需要向他们展示清楚的；其次，给一个工程供货不是小项目，涉及很多专业的细节，有工程经验的工厂一定会更受青睐，因此工程案例有必要多列举一些。对于大型工程，对方可能还会考虑你的生产规模够不够大，所以工厂实力也可以考虑详细展示出来。此外，还有一些加分项值得考虑，比如相关产品的配套能力、供货周期等。

3. 需要代加工的品牌公司

这也是我们常说的 OEM/ODM 代加工服务，即一些大的品牌公司自己不做产品，外包给其他工厂来做，然后再以自己的名号卖出去。这种买家要买的，与其说是“产品”，不如说是“生产资源”。他们之所以和我们合作，就是因为我们能以更低的代价组织起他们所需要的生产资源。

因此，清晰展示我们的制造实力和配套资源，证明我们确实有能力做出符合他们要求的产品，就是整个广告营销的重中之重。这道证明题需要从多个方面进行论证，而且要给出明确的证据，比如生产加工设备、原材料和部件来源、大量定制案例等。如果想做得更到位，还需要介绍生产规模和成本控制，让对方觉得找我们做加工是“划算”的，以及介绍质量控制和资质认证，让对方觉得由我们贴牌是“可靠”的。

4. 经销商/贸易商

这类买家买的一般是标准产品，针对他们的营销思路并没有不同，介绍清楚产品本身即可。如果是把经销商当作重点营销对象，那么可以考虑加一个专门的“Distributor”或“Agents Wanted”栏目，介绍代理商支持政策和服务种类，比如是否支持小批量试买、是否提供培训服务、是否提供市场分析和支持、如何提供价格优惠、如何提供售后服务等。

5. 终端用户

对终端用户做营销，可以说是最麻烦的，甚至也说不上来哪些问题是重要问题，因为你必须考虑所有的问题，外观、质量、价格、维修、定制、公司信誉……任何一个都可以成为他们买或不买的理由。你的用户，他们关心一切。

最关键的是，必须时刻记住这些买家就是你的产品的最终使用者，因此在广告中从各方面展示产品的实际使用体验往往是第一位的，而且广告文案会要求活泼生动、易于阅读、注重细节。如果你卖的是设备或工程，那么需要注意在介绍内容上对专业性和易读性的平衡。如果你买的是那些高附加值的消费品，京东和淘宝在这方面已经做得非常到位了，足够借鉴。

作为营销策划人，无论你对什么产品做营销分析，一定要确保自己脑海中有明确的对象。要知道，我们设计和撰写的一切，最后都只是呈现给买家看的，对症下药是制胜的前提。在这一点上，互联网广告和电话销售、上门面对面洽谈并没有任何区别。假设你明天要面谈一个客户，你会如何提前了解他的背景和需求，如何把握他对我们产品的兴趣点，如何准备话题？那么，你就用同样的心态去完成互联网广告里的广告群体分析。

三、 确立你的卖点

当我们已经锁定了买家，营销就正式开始了。此时，买家也许已经认可了我们提供的产品，但在买家眼中，我们依然是他们众多选择中的一个。

虽然每一类产品都能解决某个需求，但每一个需求的满足未必只能通过一类产品来实现，而且就在这一类产品中，买家还会因自己的偏好，在选择时产生许多不同的倾向。比如对于“饿”这个需求，“自助餐”“火锅”“寿司”等不同类的产品都提供了自己的解决方案；哪怕只在“火锅”这一类产品中，买家也会因为自己对“服务好”“环境舒适”“价格便宜”等不同方面的偏好来做不同的选择。众多的买家偏好，产生了众多的、狭窄的细分市场。

如果希望营销更有效，我们必须分析买家的众多偏好，然后从对应的细分市场中找到自己的位置——我们的产品具有什么特殊性（或者说希望用户认为我们的产品具有什么特殊性），从而可以更好地满足哪种买家的偏好。我们必须彰显出相比于其他同行更具优势的地方，比如能为他带来什么额外的利益、解决什么原本难以解决的问题，我们才有可能成为最终被选择的卖家。只有与别人不同，才能让我们的广告爬出同质化的泥淖。

更重要的是，我们的买家们面对的早已是一个传播过度的世界，但每个人的大脑能处理的信息是有限的。为了防御海量的传播，人们会下意识地筛选和排斥大量的信息，只接受最简单的、与之前知识和经验一致的信息。因此，我们必须“削尖”信息，摈弃所有不重要的、模糊的部分，才有可能使核心信息真正被他们接受。一言以蔽之，有差异要上，没有差异制造差异也要上。

当然，如果你已经有同行难以效仿和承诺的优势，事情反而简单了——只要咬死这一点，变着花样展示，再辅以大量案例或数据证明就可以了。在这里，我们更想讨论的是，如果面对产品区别点不那么明显的情况，我们怎么“强化差异”，甚至“制造差异”？

1. 品牌定位

“品牌定位”的概念，由艾·里斯和杰克·特劳特在共同撰述的营销学名著《定位》中提出。他们强调，在目前的市场竞争中，获胜的关键已经不是曾经的生产力、产品或渠道，而是产品品牌能否在顾客的心智中占据“数一数二”的位置。

依据定位理论，如果现有品类的竞争已经非常激烈，或同质化严重，或已有竞争对手非常强势地占据了这一定位，最优的对策绝不是迎难而上，去抢这个已经被占领的定位，而是避其锋芒，通过独特的定位开创一个新的品类，然后在新品类中做到“数一数二”。具体做法可以归纳为以下“四步工作法”：

第一步，分析主要的竞争对手是谁，竞争对手的定位价值在哪里。

第二步，避开竞争对手的定位，或利用其定位中的弱点，确立自己品牌的优势定位。

第三步，为这一定位寻找可靠的证明。

第四步，将这一定位整合进企业内部运营的方方面面，并进行大力的广告传播，并将这一定位植入顾客的心智。

对于这套方法，《定位》一书里提到过很多经典案例。比如德国的贝克啤酒在准备打入美国市场时，美国市场当时最知名的德国啤酒其实是卢云堡。如果想宣称自己是“德国正宗”，这个绝佳的位置早已经被人占了。最终，贝克啤酒给自己找到的定位是：“您已经喝过了在美国最受欢迎的德国啤酒，现在来尝尝在德国最受欢迎的德国啤酒吧！”这个定位不但非常容易进入消费者的认知，而且确实给贝克啤酒开辟出一个全新的空间，与卢云堡啤酒分庭抗礼。即使贝克啤酒本身什么也没有变，只是改变了消费者对它的认知，就足以带来巨大的市场效应。

定位理论的确是营销学的精髓，但在实际工作中也并非总是有机会用。这套操作不仅仅是对网站策划有要求，更是对整个公司的市场策略有要求，还必须长期坚持和贯彻才能真正产生市场效应。如果是制造企业的老板在市场宣传方面有宏伟计划，并把外贸网站看作是其中的一环，那么充分利用定位理论，必然是事半功倍；如果只是受委托的某个广告公司在负责网站的制作，网站策划人员很难争取到甲方公司这么全方位的配合。

所以，接下来会介绍两种“退而求其次”的办法，营销力和效果肯定比不上品牌定位，但可以争取与大多数的普通同行拉开差距，在网站制作时也更容易获得各方的认可，更容易被执行。

2. 提炼焦点

这个办法很实用也很简单，就是从这家公司已有的、核心产品的特点介绍入手，挑一个最值得说的点，然后以它为核心来展开营销。这个营销点可以是自己最有优势的点，或者是最符合、最主要的那一部分目标买家需求的点，甚至可以只是最有话可说的点。你可以在脑海中想象一个先聚焦、再放大的动作——其实我们展现给对方看的还是同一张图画，但是把对方的目光全部引到了这张图画上最惊艳的那一笔上。

比如毛绒玩具，基本属于劳动密集行业，没有技术含量；但由于大多是给儿童使用的，安全性是重中之重。那么，我们完全可以从这一点入手，在广告上给买家们详细介绍我们是怎么控制产品安全的。从面料质量到缝合强度，从金属检测到偶氮检测，先讲这方面的安全有多重要，如果没控制好会对儿童带来多大的风险，然后说我们做得多么到位，因此可以放心——从而对你产生第一步的信任和认可。别人没你说得到位、没你说得完整，甚至是没你说得真诚恳切，你就占了优势。通过有意识的营销，公司的形象忽然具体起来，从一个普通的毛绒玩具公司变成一个"非常注重安全和质量的"毛绒玩具公司。

类似的做法很容易推而广之。比如在塑料包装膜行业中"专注于提供高阻隔性能的复合包装膜"，在工业管件行业中"专注于为恶劣工况提供特殊合金管件"，在门窗行业中"擅长防火门窗的生产"等。哪怕是看起来更普通一些，比如"完全按需定制的某产品""某行业的交钥匙解决方案""某行业的一站式采购"等，也不是不可以考虑的"焦点"。

不过，想要让这个焦点发挥最大的作用，除了喊口号外，有以下两点一定要做到：

一是这个点背后确实能对应某种非常重要的需求。最好是有明确的需求场景和参照物，能让买家自然而然地把自己代入你所预设的那一种需求场景。如果只是空洞的形容词，或者与实际需求脱节，就算写得再有煽动力也不会真的起作用，这是你在设计营销焦点的时候就首先要考虑的。

二是你必须给出足够支撑这个结论成立的证据，甚至整个广告营销内容都应该以这个营销焦点为核心来展开。比如只说“高性能的××产品”就没有意义，除非你指明具体是什么性能、相比普通的产品到底有什么实际的好处，然后在产品介绍、应用介绍、客户案例甚至公司介绍里，都对这一个点做不同角度的介绍：这里说清原理，列举具体的应用和好处，那里举出实际应用案例，顺便告诉大家这方面我们已经做了十多年了。你完全可以把广告 Slogan 当作一个论文命题，论证的层次越丰富、证据越充分，就越成功。反之，如果你优美的口号背后没有事实或数据支撑，吸引人后又不能取信于人，那就得不偿失。

相对来说，这算是可操作性比较高的方式。不管什么产品，不管什么公司，不存在横看竖看都找不出一个营销点的情况。只要你找到了，并且用心地去挖掘它、展示它，就已经把战场从整个行业集中到了你更有优势的领域，你的胜算将更大。

3. 比较优势

如果一时还找不到自己有什么适合拿出来大书特书的优势，我们就需要换一个角度来思考了。

一个公司的“优势”，往往是通过某种比较得出的结论。很多东西本身究竟是优是劣，其实仅仅取决于你选择比较的对象和角度。在这一点上，无论是老公司、新公司、大公司、小公司，都要有自信——要说拥有“绝对优势”的公司，只怕全世界也没有几家，但要说“比较优势”，每个公司都能找到自己独特的商业价值。

我们用最普遍的例子来说明这个道理：如果你是工厂，你可以强调自己的产品从原材料、生产加工、装配再到检测，都是自己完成的，所以你（相比贸易公司）能更好地控制产品质量和生产成本、有能力接大批量的订单、满足更灵活的定制要求、实现更及时的交货等。如果是贸易公司，同样可以强调有齐全的供应链，你的背后是做不同产品的多个工厂，从设备、配件到耗材，买家通过你就能一站式买齐所有需要的东西，而且小批量或大批量订单都是允许的（不像找工厂定制时必须接受高起订量），可以降低对方的初始投资压力，等等。

此外还有很多例子，比如你的产品质量好、工艺精细，那么价格便宜就是我的优势；你的产品做得多而全，那么按需定制就是我的优势；你的产品的功能非常专业，那么通用性强就是我的优势。总而言之，世间的规则十分巧妙公平，一种优势的对立面必然是另一种优势，只要角度找得对，总能让你容身。

当然，反应快的读者可能已经在想：这种方式不过是一分为二，即使我知道供应链齐全是一种优势，但这个行业里供应链齐全的外贸公司多如牛毛，又有什么实际帮助呢？

这种想法完全正确，但我们需要理解一点：做网站，没有必要强求一个完完全全人无我有的优势，至少没有必要因为这个优势“不够独特”就直接舍弃它或干脆不写优势。有的优势，即使很多同行都有，但别人没说，只有你说了，而且说得透彻、说得专业，你就已经是赢家了。当你对自己的比较优势进行深入、细化的介绍时，能让那些在需求上真正与你相匹配的买家，更了解你能为他带来什么利益。这同样是可贵的胜利。

第三章

如何迅速了解产品

不懂产品的人是无法销售产品的。互联网广告本身也是销售方式的一种，做营销策划的人应当把自己当作是这个公司的“业务员”，只是以文字的形式通过网络向全球的买家推销产品。

那么，作为“业务员”，我们需要全面地了解这个产品的信息，包括产品用在哪里、谁会用到、谁会直接购买，产品是用什么材料和工艺做的、为什么要这样做，是标准品还是定制品、客户会提出哪方面的定制、怎么定制……当我们把这些问题一一了解清楚，才有可能一步步地向买家的需求靠近，从买家的角度想问题。每当我们多了解产品的一个信息点，它都将是接下来撰写营销内容时的着力点，甚至可能是一个新的营销思路的起点。

事实上，要深入了解一种产品、一个行业，一定是需要花费大量精力和时间的。作为专业的广告策划人，在短时间内迅速了解和学习不同产品，也应当是基本素养。下面笔者会介绍一些基本的学习路径和方法，帮助大家能更快地获得更有效的产品信息。

一、 要了解什么

外行人要迅速了解产品，诀窍就是要会“抓重点”。任何产品，不管是日常消费品还是工业设备，钻深了可能都是大学问，涉及的知识都是无穷无尽的。我们既不能把有限的时间浸没到无限的信息中，又不能在对产品不够了解的情况下贸然动手。那么，我们什么时候该“求甚解”，什么时候该“不求甚解”呢？

1. 必须了解客户到底卖什么

这里的“卖什么”，包括客户具体卖什么产品，以及第二章提到的所有问题：标准品还是定制品？谁会用？谁会买？真正产生商业价值的资源是什么？等等。或者也可以概括为：这个产品是为哪些人解决什么问题的？

这是所有营销分析的起点，也是我们能继续了解产品更多信息的基础。我们把客户真正的业务范围锁定得越牢，学习起来就越高效。如果这些问题没有弄清楚，就会直接影响学习方向，从而使整个学习过程陷入低效或无效。

你可以想象一下：如果只知道客户是做设备的，没问清楚客户群体，误以为客户是直接一台台卖设备的。于是，你勤奋地研究了三天这种设备的构造、材料和类型，直到客户偶然告诉你，他的设备全是成套卖的，重点在工程配套能力和定制能力上，而设备 A 也好或设备 B 也好，不过是整个工程的部件之一……那你这三天的努力立刻失去价值，就亏大了。

一定要记住：外行人在这种情况下学习产品统统属于考前突击，注意力是宝贵的，所以务必看清考试大纲、记好考试重点，再开始复习。

2. 必须了解产品的要素

“产品要素”可能是很宽泛的说法，笔者且借用过来在这里做一个概念，特指那些会直接影响产品应用的点。比如卧式压铸机，有多大吨位决定了能压铸什么产品，买家选购产品时必须看压铸机吨位是否符合自己的生产需求，那么“吨位”就是卧式压铸机的产品要素；无线网桥有不同的工作频率，5. 8GHz 的无线网桥抗干扰性强，能在闹市使用，2. 4GHz 的就更适合在偏僻一些的郊区使用，那么“工作频率”就是无线网桥的要素……

任何产品本质上都是为了满足某类人的某种需求才被开发的，它的所有价值只有在被使用时才能体现出来。找到产品的要素，我们才知道怎么对目标客户下手。一台柴油叉车就算效率再高，如果我只想要一台能在车间内使用的、没有气体污染的电动叉车，那么我就不会为它花一分钱。如果说产品是一剂处方，我们需要找到它的“有效成分”和对应的“药效”。

3. 必须了解产品要素之间的逻辑关系

在实际工作中，每种产品的要素绝不止一两个。我们需要弄清楚，这些要素之间是否有关联，谁影响谁，谁更重要。弄清楚这些关系，我们才能知道这些要素各自应当以什么方式、设计在整个营销框架的什么位置上。

比如铝合金原材料，棒材、板材、管材等“形状”是要素之一，6061、6063 等“材料牌号”是要素之一，挤压、拉拔等“成型方式”也是要素之一。那么我们的条件反射就应该是：不同形状的铝合金都可以用任意牌号来做吗？不同成型方式都适用于任何牌号的铝合金吗？不同成型方式都能加工出任意形状的铝合金吗……如果是，那么我们就确定了这些要素都是相互独立的，可以在广告设计里灵活地通过不同模块来体现；如果不是，那么我们就找到了这些要素之间的从属关系，甚至我们已经得到了一张逻辑清晰、重点突出的产品分类列表。随手打开一家卖铝合金材料的公司网站，我们可以意料之中地发现，其分类方式和产品要素之间的关系是如此紧密，几乎是一一对应的。如图 3 – 1 所示。

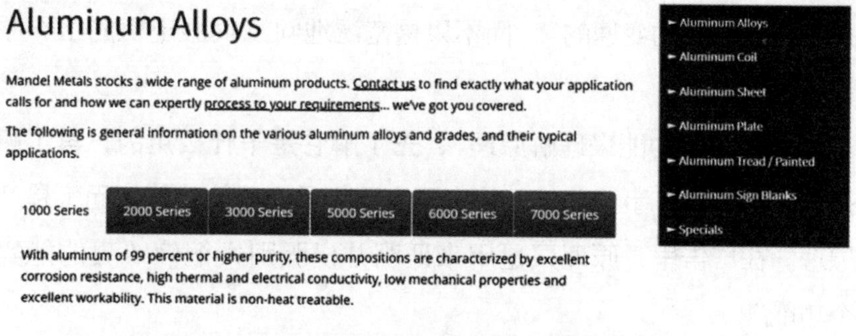

图 3 – 1　主营铝合金原材料的某国外公司网站的产品列表

（右侧列表是各种铝材形状；下方选项卡是各种铝材牌号）

一般来说，**越是“都一样、都可以”的要素，就越不重要；越是“完全不一样”的要素，就越要引起注意，而且往往会成为产品分类的依据。**

4. 应当先了解功能，后了解原理

制造业产品，难免涉及一些晦涩难懂的物理或化学原理，或者说这个产品本身就是对某种原理的商业应用。

要在短时间内完全理解一个产品的所有工作原理，对于外行来说是不太现实的事。但是，这并不影响我们依然要从营销的角度去理解产品的设计和构造。我们只需要知道这样做“有什么好处”，就能很容易理解它。

举个例子，伺服电机是很多设备上常用的工业部件，如果笔者说伺服电机“是一种补助马达间接变速装置”，是不是根本无法让人形成概念？如果笔者直接说，伺服电机的功能是“能解决变频问题，受到阻力时电机自动减速，适应设备的实际工作需要”，好处是“和普通电机相比，控制精度更高，而且更节能”，这时，笔者是不是就根本不需要知道“伺服电机到底是什么”了？即使笔者有兴趣，想对伺服电机了解得更深入一点，笔者的学习方向也会变成目的非常明确的“伺服电机是怎么实现自动变速的”，而不只是宽泛地问“伺服电机的工作原理是什么”。

这就是“用功能来理解原理”，**先了解它是干什么用的，再了解究竟是怎么实现的**，事半功倍。毕竟买家买的是产品的功能，而不是产品的原理。在广告里，原理只是用来证明并说服别人相信“真的能实现这个功能”。

我们心中应始终牢记，不管设计和制造这个产品的人多么聪明，他的最终目的都是唯一且明确的，就是为了满足某些人的某种具体需求。

所谓产品，或者说商品，无非就是让某些人愿意掏钱来交换的东西。我们需要知道的，不过就是这些人掏钱的原因罢了。因此，在营销的角度上，再专业的产品都可以是非常简单的。

营销策划人应当有睥睨所有制造业的智慧和信心，毛绒玩具或高压配电柜，螺丝螺母或流延膜生产线，总归是要用来赚钱的东西。工业原理再难再复杂，都得服从商业规则。所以，永远不要因为某种产品是“非常专业的工业产品”就畏难，永远保持着“以目的为导向”的学习思路。

二、 如何了解

1. 分析客户官网

首先，我们得接受一个客观事实——由于营销意识薄弱，国内制造企业的官网大多不是很像样。真正做到设计逻辑清晰合理、内容充实可信的，可称凤毛麟角。更常见的情况是，企业介绍可能空话和官话居多，产品介绍可能技术说明居多，产品列表常常出于做优化的目的而制造许多无意义重复的内容。因此，在看客户官网的时候，需要多一点点谨慎和分析。

一般来说，客户的官网上的有效信息主要来自两个地方：公司简介和产品列表。

公司简介非常重要，其中对公司业务范围的介绍尤为关键。因为不论是大公司还是小公司，不论老板对官网的制作过问了多少，公司简介一定是每个公司的老板都会亲自把关的内容，而老板一定是整个公司最清楚自己卖什么的人。公司简介里写的“公司主营……”“我们的主要产品包括……”“我们专注于……”之类的内容，可能远比产品列表的可信度高。

其次，我们开始产品列表和介绍内容，但这里是烟幕弹密集区，尤其需要小心下面两种情况：

第一，如果是制造工厂，往往会下意识地把自己做过的产品放到官网上当成真正的产品卖。实际上，他们可能是做定制品的，因此能卖的产品远不止官网罗列的这些。官网上罗列的这些产品只是以前定制过的例子，可能仅仅符合当时那个买家的定制需求，而不是市场的真正需求。

这种情况下，我们需要先向客户确认一次：他的产品是不是定制品？是不是客户有特殊要求都能定做？

确认了是定制品，只需要再接着问以下两个问题：

❖ **谁会买这些产品？**

❖ **客户用什么材料、什么设备做这些产品？**

这两个问题的答案，就是他们真正的“产品”。

举一个实例来分析，可能更好理解，如图 3－2、图 3－3 所示。

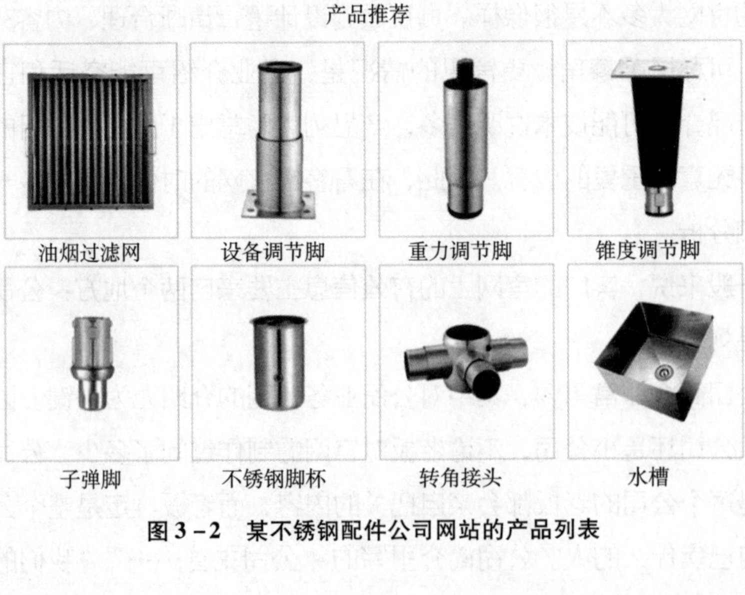

图 3－2　某不锈钢配件公司网站的产品列表

公司简介

[redacted]，坐落于浙江[redacted]），专业生产不锈钢类餐饮行业设备配件。公司有一套完整的生产流水线以及检测设备，集灵活的研发、稳定的生产和精确的市场定位为一体。

公司主要产品涵盖了调节脚、重力脚、不锈钢设备脚、子弹脚、转角接头、生铁铸造、脚轮、水槽以及油烟网等多个系列。这些产品广泛应用于机械设备，家用电器，办公家具，货架组合以及餐饮行业，可以实现客户一条龙采购需求。

致力于独立的研发，关注市场新兴需求，面向全球客户提供新潮且优质的产品。公司一直秉承"质量第一，服务一流，客户至上"的理念，非常希望能与有志之士携手合作，共创未来。创新无限，诚信永恒！

图 3 – 3　某不锈钢配件公司网站的企业介绍

这家公司列出的产品列表里，只有"油烟过滤网""设备调平脚""设备脚轮""不锈钢水槽""不锈钢地漏"等，似乎找不到逻辑关系。查看公司简介，我们可以注意到这句关键的描述——"不锈钢类餐饮行业设备配件"。

此时，我们再向客户确认"谁会买""怎么做"这两个问题，得到的解答：他们的产品都是定制的，官网上列出来的是相对常见的规格；这些产品都是商用厨房设备的配件，主要卖给做商用厨房设备的工厂做配套；这些产品基本都是不锈钢加工的，工厂可以完成从切割下料、机加工到表面处理的所有过程。

知道了这些信息，那么真正的"产品"就摆在眼前了——为商用厨房设备提供不锈钢预制加工服务。而产品列表上展示的那些，都只是他们做过的例子，或者是他们提供产品的形式，并不能完全概括或描述他们真正的业务范围。

以上分析和推断的过程，应该可以展示清楚这条获得有效信息的路径——谁会买？怎么做？两个答案各自画圆，重叠之处，就是结论。如图 3 – 4 所示。

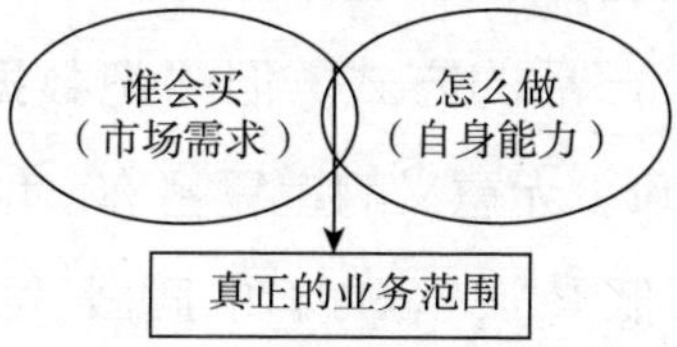

图 3 – 4　有效信息的路径

第二，如果是优化意识较重的公司，就会给一种产品起很多不同的名字，而且每一个名字都单独做一个产品页面来介绍。但问题在于，名字和内容做得再多，这些产品原本就是同一个，买家要买的也就是这一个。这时候我们要做的就是抽丝剥茧，弄清楚他们到底做几款产品。

比如一个做垃圾打包机的公司，可能他们真正能做的打包机只有两三款，但这种垃圾打包机可以用于各种物料的打包，比如秸秆、塑料瓶、纸张等。于是这个公司就把产品列表直接写成秸秆打包机、塑料瓶打包机、纸张打包机。这种完全以应用命名的产品列表是非常典型的优化特征，看到它的第一反应就应该是“你的秸秆打包机只能打包秸秆吗”，或者“用于秸秆和塑料瓶的打包机有什么不同吗”，答案就非常清楚了。

一个做视频内窥镜的公司，列表上写着“工业视频内窥镜”“高清视频内窥镜”“警用视频内窥镜”“红外视频内窥镜”，区区四个产品名称涉及三种分类依据（应用、清晰度、原理），显然会产生交叉和重叠的地方。这时候我们的思考和分析就要稍多一点：“工业视频内窥镜和警用视频内窥镜有什么区别？工业视频内窥镜不能做警用视频内窥镜吗？难道他们还卖不高清的视频内窥镜吗？除了红外线，内窥镜还有其他获取图像的方式吗……”最后通过对方的答案，我们会知道，其实客户只有两款产品，一款是通用的工业视频内窥镜，一款是带红外线夜视功能的警用视频内窥镜，这些内窥镜都是高清的。

当然，公司这样做的目的也能让人理解。买家的行为是多种多样的，无论是产品本身的名字、产品的应用、产品的特点或者产品的原理，都可能是买家搜索产品的方式。但**“把数据面做全”，不应该以“牺牲基本逻辑”为代价**。无意义的重复名称，也许会增加买家点击广告的机会，但一定会降低整个广告内容的质量，买家进入页面后其实获取不了多少真正有用的信息，也会显得这个公司不专业。

我们要做的，一方面是抽丝剥茧地找到真正的产品；另一方面是把那些剥下来的东西重新逻辑和归纳，把它们放到该出现的位置上。至于如何逻辑和归纳，我们在第五章再继续展开探讨。

2. 直接询问客户

显而易见，这是最简单有效的方式。直接询问那些多年和买家打交道的老板或销售总监，平时买家都问什么问题、都要什么资料，这会让你更快地了解买家的痛点，找到营销的方向和重点。

不过，笔者依然建议你在对产品有了基本认知之后，再向客户进一步确认和挖掘那些确实比较有难度或者比较细节的问题。如果在你对产品一无所知的情况下就问东问西，这意味着你并不清楚到底要问什么、要确认什么，这会导致沟通效率极其低下。

更致命的是，因为客户对于产品的了解远高于你，如果你作为提问者没有清晰的思路，可能两个回合不到就会被完全带跑，而且非常容易让对方失去耐心——和一个外行解释自己看来简直是“1 + 1 = 2”的问题，是非常消耗精力的。一旦对方失去耐心，开始敷衍你，这个原本最有效的方式就会变得艰难无比。

因此，和客户沟通时一定要体现出已经为他的产品下过功夫，以及认真好学的积极态度，让客户认可你，而且在跟你沟通的过程中得到“为人师”的自我价值感，对你打开话匣子。如果客户是非常了解产品的行业专家，通过他的答疑解惑，你将会打开新世界的大门。

3. 网络搜索

确认了客户的产品，我们就可以通过网络搜索，深入了解这个产品的更多信息和原理。这就是互联网时代的好处，无论是多么专业的产品，网络上一定有一些行业专家或资深同行会写很多技术资讯文章，能给我们非常多的提示。

如果产品本身比较好懂，可以直接用 Google 或 Bing 国际版，通过英文数据来了解产品，可靠性更高。很多国外知名公司的官网几乎是个大宝藏，如果运气好，你能在一个网站里看完关于这个行业的所有重要介绍。一般来说，最好是一次性找七八家甚至十多家网站，总结他们产品介绍内容中的共性。多方资讯结合，你才能得到更可靠、更全面的结论。

如果一时间找不到这样的同行网站，更快捷的方法是直接搜索一些论坛或博客上的科普文章，大多写得清晰流畅又通俗易懂，对我们这种外行非常友好，能让产品前期的了解工作事半功倍。比如当你需要整体性地了解某一类产品，可以直接搜“what is…”“learn about…”，甚至“how to choose…”；如果你难以区分某些产品类型，可以直接搜“A vs B”或“difference between A and B”，往往能快速得到答案。

如果你面对的是一些难度更高的、看文字描述难以理解的产品，还有一条捷径就是直接搜索视频。尤其是对于那些机械设备类产品，一个工作原理的 3D 示意视频，或者带局部特写和同步讲解的视频，抵得过十篇科普文章，能让你对这个产品建立一个非常完整且具体的认知。

如果产品实在太难，你对它几乎毫无概念，那么为效率起见，就不要执着于必须看英文资料，可以从百度百科、百度知道开始，先对这个产品和这个行业建立基本的认知，心里有方向了再去有针对性地查英文资料。值得一提的是，知乎上偶尔能碰到一些深入浅出的优质科普文章，比百度百科要好读很多，碰到瓶颈时可以试试运气。

总的来说，要初步了解产品，基本的方法和步骤很简单——先分析客户的官网，然后带着你在官网里看到的问题去向客户确认。同时，不断根据新获得的产品信息，在互联网上搜索更多的相关知识。

难点可能在于，怎样问出有价值的问题，怎样用有限的信息做出有效的推测，并不断修正学习产品的方向。经验积累的确是必要的，但更重要的依然是心中永远装着第二章的几个问题，或者更多的问题：他做什么？怎么做的？为什么要这么做？谁会用他的产品？谁会直接买他的产品？怎么买……

不要因困惑而气馁，只要始终用这些关键问题作为你探索和挖掘的指引，每多了解一个信息点都会是有效的收获。直到某一刻终于得到最后的启示，再回头一看，就是一片开阔了然。

三、可执行的建站目的

在前面，我们已经完成了对这家企业自身的营销思路分析。但目前我们得到的结论，还不足以直接指导网站的建设。我们必须进一步明确，我们策划和制作这个网站的目标是什么？

在制作网站的整个过程中，从宏观架构到设计细节，我们都会面临无数的选择和取舍。因此，我们需要一个非常明确的建站目的，一个明确到具备可操作性的目的。如果只是宽泛地说“以线上促进线下销售”“树立企业品牌形象”，就相当于没有说。

具体要明确到什么程度呢？假设某个公司是卖金属首饰的，想通过网络卖给全球各地的用户，那么这个公司要建立的其实就是一个 B2C 的电子商务网站，网站需要引导那些访问网站的用户尽可能地下单购买。这时，我们策划网站要考虑的方面至少包括产品类目要全，且易于筛选和查找，每款产品都要做美观清晰的详情页，照片质量要高，产品详情页可以直接下单，并与交易平台流畅连接，还可以加强交互功能，鼓励访客发表评论，等等。

比如另一种完全不同的情况：很多工业产品的单位价值都比较高，基本不可能第一次访问网站就购买，尤其是机械设备。买家只是在线上对供应商做初步的了解和比对，有兴趣才会联系，可能还要经过验厂、试样等环节，最后才能确定合作。这种情况下，网站的目的就不是直接引导买家购买，而是吸引买家的兴趣后，引导买家通过电话或电子邮件和企业取得联系，或者是引导买家填写询价表格。而前面所说的那些 B2C 电商网站的做法，几乎不适用了。

这只是两个比较常见的例子。简单来说，在明确建站目的时，你需要考虑的就是究竟希望浏览者在这个网站上做什么具体的事情？聚焦这件具体的事情，你才能延伸出通往这件事的操作路径，然后通过网站设计来实现。

对营销思路的正确分析，是网站策划工作的开端和基础。脑海中有明确的目的和清晰的逻辑路线，才能保证之后面对众多的、从宏观到琐碎的问题时，都能有条理地做出判断和取舍。对于策划人员来说，对每一个营销方案做更深入的思考练习，也是帮助自己提高营销敏感度、快速成长的最佳路径。

第四章

如何确定关键词

如果把网络中的信息比作“海洋”，关键词就是“锚点”。以某个关键词为中心，可以从不同角度牵引出无数与它相关的信息。同样，如果你想找到某个信息，前提就是找到那个核心的词。在 SEO 里，这项工作也叫“关键词研究”。

如果想在网络上搜索到“眼线笔的使用方法”，前提是得知道手里这根又细又长的笔叫作“眼线笔”。如果搜索“笔的使用方法”，显而易见，刷完几百页搜索结果也不会得到想要的信息。因为对于互联网来说，“笔”和“眼线笔”所能延伸出的信息，根本就不在同一个维度。对于网络广告来说，产品名称就是整个广告的“锚点”。只有准确的产品名称，才能帮你和真正的买家建立起联系。

此时，你可能会想，产品名称很重要这不是废话吗？哪个卖东西的会不知道自己的东西叫什么呢？所以，笔者需要强调一个事实：在国际互联网广告中，我们的买家可能在不同国家用不同的语言、不同的搜索引擎、不同的命名方式去找自己需要的产品。因此，产品中文名称在其他语言里的变数，可能远比大家预想得复杂。

买家的搜索和采购行为是多样的，甚至可以说是无穷的；在不同语言的数据维度里，同一个产品的命名方式可能完全不同。如果我们要获得好的广告效果，仅仅知道某个产品在中文里的一两种名字是没有实际意义的；我们需要从多个语言的数据维度里，从多个角度去挖掘与产品可能相关的关键词。

一、 目的和原则

在动手之前，我们先明确一下要找什么样的关键词，或者说什么样的词叫关键词？

从形式上来说，我们要找的关键词就是指**“准确的、符合目标买**

家搜索和购买习惯的产品名称”。从目的上说，我们寻找这些“关键词”是为了给我们的广告找到“锚点”，把广告定位到目标买家所在的“海域”，尽可能让所有可能需要这种产品的买家都能顺利地找到我们的广告信息。

要实现这一目的，我们挖掘关键词时应当从点及面地考虑问题——在单个的点上，要保证这个词本身是准确的；在整个面上，要使关键词尽可能多地覆盖我们的买家群体。

1. 单个名称要准确

“准确”可以从两个角度来理解：一是名称本身所指代的对象是明确的；二是这种命名方式与目标客户的语言习惯是吻合的。

“指代对象明确”很容易理解，比如前面说的“笔”就是典型的“指代对象不明确”的名称，因为它的内涵太广泛，包括“水性笔”“圆珠笔”“钢笔”“眼线笔”“毛笔”等，需要“笔”的人可能有一百种，但作为某种笔的制造商，这些人中真正是我们买家的可能只有百分之一，那么“笔”对我们来说显然就是有效性极低的数据。同样的道理，“破碎机”之于“颚式破碎机”，“手套”之于“防冲击劳保手套”，等等。这些词的特点都是缺少足够的限定语，包含太多的可能，以至于让人无法明确到底说的是“哪一个”。

当然，接下来你可能就会问了，“眼线笔”还可以加限定词为“黑色眼线笔”“黑色极细眼线笔”“黑色极细防水眼线笔”等，到底要限定到什么程度，才算是足够的“明确”呢？

判断方法也很简单——产品名称是否足够明确，取决于使用这个名称的买家群体对我们来说是不是足够明确。从这个角度理解，这世上本不存在什么“产品名称”，只有“买家要的那个东西”，买家的采购行为明确了，产品名称就明确了。假设我们是卖眼线笔、眉笔、散粉刷的，寻找“笔”的人有很大可能不是我们的买家，那么这个词对我们来说就是指代不明确的词。如果说是找“眼线笔”“化妆工具”的人，就很有可能是我们的买家，这就属于有效的“关键词”了。只要到了这一层，我们的“锚点”就算找到了，以“锚点”为中心的整个数据维度都在我们的射程范围之内；至于要找“黑色眼线笔”“极细眼线笔”或者“防水眼线笔”的买家，都在这同一个数据维度里，剩下的只是产品怎么分类的问题。

至于第二个问题，“命名方式要符合目标客户的语言习惯”，这个主要是翻译方面的问题。大多数产品名在英文里都是专有名称，如果按字面意思直译，十有八九都是错的。“枕式包装机”就是非常典型的例子，中国外贸平台上有无数的“Pillow packaging machine”，然而它真正的英文名是“Flow wrapper”。两种叫法相差之远，可以说完全没有考虑外国人的语言习惯，纯粹是只有中国人看得懂的英文，难以称作是准确的关键词。

这种错误会产生严重的后果——当你以中国人的思维来命名产品，你想要的外国买家是很难找到你的，容易找到你的应该只有跟你同一思路的国内同行。即使有小部分熟悉中国国情的外国买家用中国式的名字找到你了，在他的眼里，你可是和扎堆的中国同行一起出现的，你想在国际范围内和国内同行拉开竞争优势的目的根本无法实现。像这样绕了一大圈又回到原地，根本就没“走出去”，何苦来哉？因此，保证产品名称在其他语言里的绝对准确，是有效广告的前提和基础。

2. 数据角度要全面

买家需要某种产品的理由有千万种，即使是对同一个产品，不同买家关心的方面也可能截然不同，因此买家的采购行为是多种多样的。如果只是某一个产品名称准确了，可能也只覆盖了买家群体的一小部分，距离真正做好一个互联网大数据广告远远不够。那么，我们还需要从买家关心的各个方面入手，尽可能多地找到那些不同角度的关键词。

这时候，我们在上一环节为了解产品所付出的精力就会得到回报——如果你还记得“产品要素”这个概念，我们有探讨过，产品要素就是会直接影响产品应用的、买家可能会关心的点，那么，每一个产品要素都能为我们指示出关键词的一条路径。

还是以上一章分析过的“铝合金原材料”为例，我们已经知道它的产品要素包括“材料牌号”“成型方式”“材料形状”等。那么，对于关心材料牌号的买家，他寻找产品的方式可能是“1000 系铝合金”“6000 系铝合金”或更加具体的“6063 铝合金”；对于关心成型方式的买家，他寻找的方式可能是“反向成型铝合金”“冷拔铝合金”；更关心材料形状的买家，就可能直接寻找“铝合金棒”“铝合金管”“铝合金板”等。然后，只需稍加查询和分辨，我们就能得到表 4－1。

表 4－1　买家搜索“铝合金原材料”的关键词

材料牌号	成型方式	材料形状
1000 series aluminum alloy	Indirect extruded aluminum	Aluminum sheet
2000 series aluminum alloy	Backward extruded aluminum	Aluminum tube
3000 series aluminum alloy	Cold drawn aluminum	Aluminum bar
6000 series aluminum alloy		Aluminum pipe
6005 aluminum alloy		Aluminum profile
6063 aluminum alloy		…
…		

这个表格中列出的每一个词，都可能是关键词。可见，我们了解到的产品要素越多，所能延伸出的信息面就越大，而且二者之间常常互为启发和补充。

对 SEO 有所了解的朋友，看到这里可能会想起一个概念，那就是“长尾关键词”。不过笔者在这里所说的“数据角度要全面”，并不是说鼓励大家去专门研究长尾关键词的意思。

“长尾词”的概念源自统计学中的长尾理论，指众多的微小市场累积起来就会占据市场中可观的份额；在SEO业界中则是指，最主要的几个关键词会带来很可观的流量，而那些不主要的关键词虽然单个搜索流量很低，但加在一起的总流量会远远超过主要关键词的流量。尤其是大中型网站，长尾流量才是真正的流量主力。如图4-1所示。

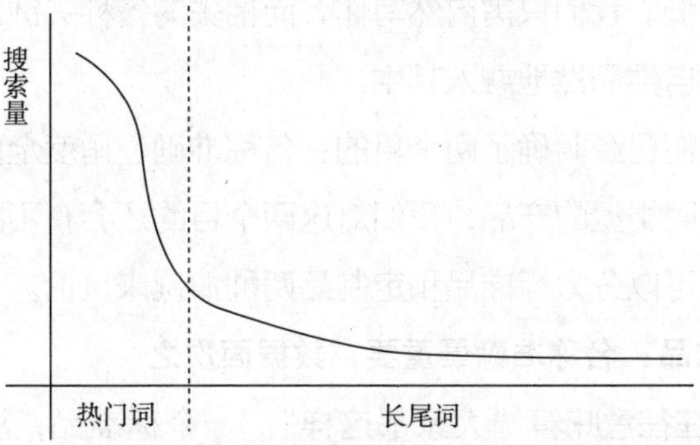

图4-1 长尾词效应示意图

但长尾关键词并不适合于专门研究。事实上，不是网站专门做了长尾关键词才带来长尾流量，而是网站内容本身就足够丰富，支撑得起各种角度的搜索，这些事实上带来了搜索流量的词后来被称作“长尾关键词”。

Google工程师曾经提到，Google每天处理的搜索词中有20%~25%是之前从未出现过的，甚至有些搜索词之后也再未出现过，只是被某个用户搜索过一次而已。所谓“长尾关键词”，不仅数量非常大，不确定性也非常大。真正能发挥长尾效应的网站，体量都是相当可观的，至少在几万个页面。这种大中型网站能得到大量的长尾流量，那就基本不可能是通过刻意部署关键词实现的——那是多么恐怖的工作量！而一个只有几十个、几百个页面的小网站，因为其本身内容量的局限，根本很难发挥出长尾的威力。

简单地说，如果你做的是大中型网站，不需要刻意做长尾关键词，你的内容自然能让你得到长尾流量的好处；如果你做的是小型网站，没有足够的内容做支撑，就算刻意做了很多自以为有用的很长的关键词，只怕也摸不到“长尾”的门槛，甚至还会因为关键词密度过高而受到处罚。

所以，我们只需要把买家真正关心的几个角度了解全面，然后针对这几个角度去策划相应的栏目和内容即可。这项工作的重点仅止于了解“铝合金材料形状很重要”，以及“材料形状主要有铝棒、铝管、铝板等”就好，不需要专门罗列“购买铝棒”“优质铝棒”“铝合金棒材”之类的词作为所谓“长尾关键词”，浪费大量的时间且发挥不了什么作用，性价比很低。我们只需自然写作，而相关的各种关键词，会在内容创作过程中被自然而然地融入其中。

现在，我们已经明确了两个目的：名称准确、角度全面。在实际操作中，面对不同类型的产品，我们对这两个目的还会有不同的侧重。概括来说，我们可以分为标准品和定制品两种情况来讨论。

（1）标准品：名称准确最重要，数据面次之

“标准”往往意味着“大家都这样”。一个标准品，从产品本身的材质、结构到产品的名称，甚至到产品广告的介绍方式，行业内可能都是差不多的。

尤其是标准品的产品名称，专业性和通用性都比较强，常常会有一个专门的词汇来指代它，比如平头式起重机就叫“Flat top tower crane”，几乎都没有同义词。这类标准品的关键词往往是单一的，行业内所有买家都这么叫，因此我们准确找到这个单一且通用的数据就是重中之重。如果这个名字没找对，可说满盘皆输。相对而言，对其他角度数据的拓展空间可能非常有限，因而“数据面”就显得不那么重要了。

必须强调，有时标准品的行业大词非常好找，但下面细分的产品类型可能很多、很杂甚至非常偏门，这时候要找子类产品的名字就会变得极具挑战。即使这样，也一定要挖空心思、想尽办法、换不同的角度去找，因为标准品的关键词是如此单一，如果这条路径错了，买家也不太可能再从别的路径找到我们。运气不好的时候，花一两个小时才找到，甚至还找不到一个正确的名字，也是很常见的。

在本章的后半部分，笔者会为大家介绍一些技巧和方法，帮助大家节省一些时间；但可能……耐心和信念感依然是重要的。有时，我们必须对名称准确的重要性认知足够到位，才能坚持到在茫茫大海里千方百计地翻到我们要的名字。

（2）定制品：数据面最重要，名称准确次之

对于定制品来说，倒不是不需要考虑名称的准确性，而是它很可能不存在某个“准确”的名称。因为定制品意味着“没有固定产品”，买家要什么就做什么，买家需求自然是无穷无尽的，定制品可能的名称更是无穷无尽的。比如“铝合金原材料”就是典型的定制品，我们已经看到，它的名称可能取决于材料牌号、加工方式或形状，也许还有更多。我们需要把定制品的这些关键词尽可能找全，才能应对买家各种的采购行为。

所以，定制品的关键词挖掘，真正的挑战在于营销思路是否清楚、对产品了解是否到位。如果思路判断错了、买家关心的点遗漏了，后面延伸出的一系列数据都将是无效的。

不过好消息是，定制品的单个名称本身并不难找，也没有非常严格的标准，只要思路对了，剩下的工作都会相对顺利，甚至越找越顺手。

二、方法和技巧

挖掘关键词是个耐力活，此外还需要一些分析能力、联想能力和一点点技巧。接下来，我们分别介绍如何核实，以及如何寻找想要的关键词，也就是准确的产品名称。

1. 如何核实关键词

首先，我们需要一个可靠的网络搜索工具。这个工具最好是Google，如果是没办法使用，也可以使用Bing国际版。我们需要同时使用网页搜索和图片搜索两种方式，来确认想要的关键词。

以凹版印刷机（Rotogravure Press）为例，一个在互联网上相对准确的关键词，应当完全满足以下要求：

❖用这个词在图片中直接搜索，出现的图片结果中，绝大部分就是这个产品，如图 4－2 所示。

图 4－2　Rotogravure Press 图片搜索结果

❖用这个词在网页中直接搜索，网页搜索结果里会出现大量的、完整包含这个字段的内容，如图 4－3 所示。

Rotogravure printing press - Cerutti Group - Rotogravure ...
www.cerutti.it/en/home/products/rotogravure_printing_press ▾
Gruppo Cerutti. Cerutti Group is world leading manufacturer of rotogravure presses for publication, packaging and specialties printing, converting equipment, ...

Gravure Printing | Rotogravure Press | Gravure Printing ...
www.utecona.com/machines/gravure ▾
Gravure Printing. Uteco rotogravure presses can be equipped with appropriate winders best suited for film, paper, paperboard. These winders can be single or double position winders and can be supplied in either shafted or shaft less executions.Electric, diathermic oil, steam or gas heating systems can be supplied for individual stations or for...
Location: 3400 Town Point Drive Suite 160, K...　**Phone:** (+1) 770-427-4100

Rotogravure Presses - KYMC Rotogravure Printing Press ...
https://www.kymc.com/Rotogravure.html ▾
KYMC rotogravure presses can print on special substrate. Our rotogravure printing presses produce the brightest and sharpest image to you. If you need best rotogravure printing solutions, no hesitate, contact with KYMC for more details of rotogravure press manufacturers!

Rotogravure Presses - Engineered for Performance ...
www.berkeleymachinery.com/gravure-presses ▾
The Marathon ULS Rotogravure printing press is a well-built machine with solid steel construction and a Unique Line Shaft (ULS). The press can be built with multi-color options of up to 12 units, incorporating unique features of inline lamination and automatic register. Other customizable designs including cold seal application can also be included.

图 4－3　Rotogravure Press 网页搜索结果

❖任意点开这些搜索结果对应的网页，其中大部分都是外国人做的相关网站，尤其是国外同行公司的官网。

对于第三点，笔者需要解释一下。我们做的是国际互联网营销，目标买家在国外，不在国内；判断产品名称是否正确的唯一标准，就是国外买家对该商品究竟是不是这么叫。

如果一个工业产品的英文名称是准确的，在英文搜索结果里最先出现的应该就是做这个产品做得最好的公司的优质广告介绍，或者维基百科之类的优质科普，这才是符合常理的。

如果英文搜索结果里最先出现的都是 Alibaba、Global Source、Made-in-China 这种国内 B2B 平台，或者是中国人做的英文网站，却看不到国外网站，就应当引起我们的警觉——由于历史原因和目前的客观国情，现在绝大部分的工业产品，其发源地不在中国，做得最好的也不在中国，搜索引擎有什么理由优先显示中国的广告而不显示外国的呢?

像 Google、Bing 这种优秀的搜索引擎，一定是致力于为用户抓取和呈现最有价值的信息，也就是国际范围内把这个产品介绍得最好的网站，这些外国人做的网站所用的产品名称也应该是更可靠、更准确的。搜索引擎不可能舍优而取次，除非这个数据维度里没有“优”——外国同行根本不用这个名称。因此，如果我们看到英文搜索结果里主要是中国公司，几乎可以百分之百地确定，这个产品名称是错的。

我们可以通过实例来证明。同样是“凹版印刷机”，图 4－4 是使用 Gravure Printing Machine 的搜索结果，图 4－5 是使用 Rotogravure Press 的搜索结果。只需要看域名，你就能发现问题，而且对比非常明显：图 4－4 中排名靠前的搜索结果全部是中国的公司，而图 4－5 的搜索结果都是国外品牌。出于页面排版的原因，笔者只截取了排在最前面的几条搜索结果，事实上这一整页的情况都是相似的。

我们应该知道，目前国内做凹版印刷机落后于国外；对于一个真正想找凹版印刷机的用户而言，Bing 应当想尽办法帮他找到国际上做凹版印刷

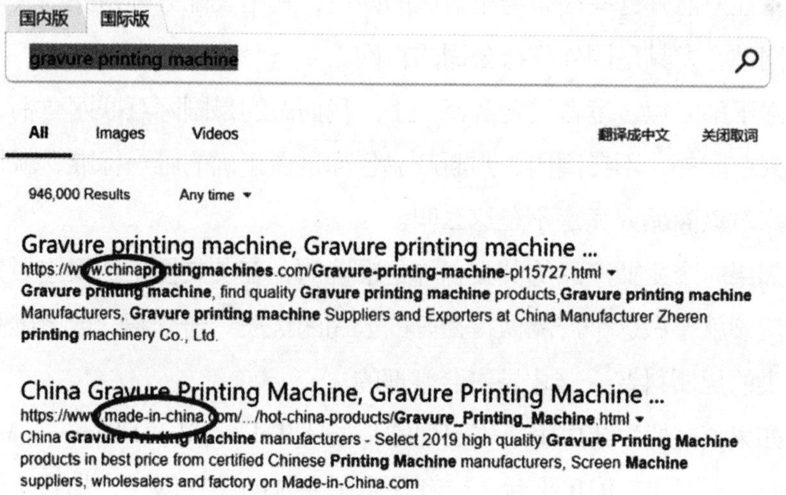

图 4－4　Gravure Printing Machine 网页搜索结果

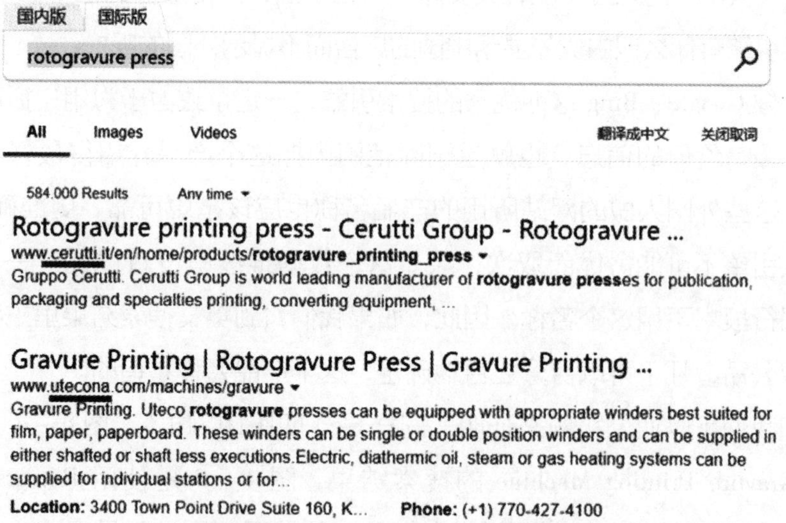

图 4－5　Rotogravure Press 网页搜索结果

机最好的公司。但是在上面两张图都没有广告信息的情况下，一边全是中国的公司，另一边却没有中国的公司，究竟是什么造成这样的差别？

答案只可能是，图 4－5 所用的 Rotogravure Press 才是凹版印刷机真正的英文名称，在这个数据维度里，Bing 为用户找到了国际范围内最优质的网站；而图4－4所用的Gravure Printing Press只是中国外贸圈用的名字，Bing只能在这个错误的维度里，为用户找到中国人做得最好的凹版印刷机网站。

可想而知，当我们使用图4－4的名字来为我们的凹版印刷机做广告，却希望全世界的买家都能看到我们的广告，是多么错误的事。

同理，搜索结果里如果频繁出现eBay、Amazon、Walmart、IndiaMART这些国外B2B平台，也需要引起我们的警惕。主要是两个原因：一是这些平台上的产品信息可能大多是中国人发布的；二是与真正做得好的大公司官网相比，这些平台上的内容还称不上优质，如果排在了最前面也是没道理的。

现在，我们已经大概知道了判断名称准确性的两个标准：

❖网页搜索结果里，优质国外同行越多，产品名称的可信度越高；B2B平台和中国网站越多，产品名称的可信度越低。

❖图片搜索结果里，与产品本身吻合的图片越多、产品名称的可信度越高，反之亦然。

运用这两个基本的判断标准，我们就能完成对产品名称的核实工作。接下来，我们需要完成新的任务——如果核实之后发现我们所用的名称是错的，该怎么去重新寻找那个准确的名称呢？

2. 如何查找正确的关键词

这是极需耐心、极耗意志力的环节，笔者只能向大家介绍两个最基本的原则，剩下的就得交给自己的英文水平、分析和联想能力、对产品的了解、运气……

(1) 逆向查找

逆向查找，就是说不要用中文找英文，而是用英文找中文。

之前已经介绍过，将中文名字直译成英文名字去找，可信度是很低的，而且很容易一头扎到国内同行中，找了半天才发现全是中国人做的英文网站，白白浪费了时间。所以，我们只能先利用已知的英文信息来找更多的英文信息，然后再从中找对应的中文信息。

如果我们已经知道一个国际知名的外国同行品牌，可以先找到他们的网站。然后，精读这个网站的介绍内容，看其中提到了哪些英文名字，可能是和我们要找的中文名字对应的，再按上一节说的方法一一核实，或者可以直接用这个英文名称在 Google 里搜索，网页搜索结果里就会出现大量的英文信息，一次性就能找到十几个国外同行。

值得一提的是，以目前 Google 和 Bing 的智能特性，搜索结果里会自动推荐大量优质的相关内容，所以有时原本我们搜索时输入的那个名称都不完全准确，搜索结果里反而会出现那个真正准确的名称。以凹版印刷机为例，读者有兴趣可以用 Gravure Printing Machine 搜索一下，第一页里很可能就会出现类似 Rotogravure Press、Rotogravure Printing 之类的结果。所以，我们要善于利用搜索引擎的智能特性，如果看到搜索结果里出现了意思相近的词，可以马上换这个词再搜索核实一次，准确性更高。

这种逆向查找的方式的确会耗费更多的英文阅读时间，但一旦有所斩获，几乎一定是正确的名称。

（2）从大往小

一般来说，大的行业词和通用产品名比较好确认，所以在找名字的时候不要从子类产品找起，而是从行业词或产品主词找起，找到几个优质的国外同行就好办了，直接看同行的产品列表是怎么分的、介绍内容怎么写的，子类产品的名字自然而然就得到了。

但这个办法也不一定有用，比如你找到的那个业内最有实力的同行可能不按正常思路做产品名，甚至直接拿自己公司的型号命名，完全不具备通用性，用他们的产品名在 Google 里反过来一查，可能完全和产品对不上号。那么，我们就得换别的办法。

假设笔者知道某个客户是做电位器的，笔者只能确定电位器的英文名称一定是 potentiometer，但这几乎包括一整个行业了，至于更具体的、不同类别电位器的产品名称，笔者却一个也不知道。这种时候，笔者不一定要先找到某个外国同行，而是可以直接搜索 potentiometer types，会得到一些很棒的科普文章或者导购指南，里面列出的产品名称同样是靠谱的，甚至有时笔者还会用 how to choose ××、choose the right ××这种句式去找，也会有惊喜。

如果你面临的情况更糟糕，比如你连行业词或产品主词的英文名称都不能确定，也不知道有什么靠谱的国外同行，那该怎么找名字？办法还是有的，只是我们得多点耐心了——用更大范围的，甚至是描述性的词去找，用 Google 的智能搜索结果和国外同行的介绍，一点一点逼近结果。

比如通过 door hardware types（门五金件类型）找到 butt hinge（对接铰链），通过 printing to an object（在物体上印刷）找到 direct-to-object inkjet printer（DTO 喷墨打印机），通过 kinds of flexible packaging machine（柔性包装设备的种类）找到 form fill seal machine（成型－填充－密封包装机）……显然，这种找名字的方式要求我们对产品本身的功能和特点要有更多的了解。

3. 如何扩展关键词

首先，笔者必须强调，在关键词研究工作中，做完上述两项其实就完成了 80%，至于对关键词的进一步扩充，则可以随缘一点，不必执着于非要列出成百上千个。

之所以这么说，是因为从搜索引擎未来的发展方向看，对关键词的刻意部署只会变得越来越不必要。只要你用的关键词本身是准确的，至于关键词密度多高、有没有放各种同义词，无关紧要。

比如现在我们就常看到一种现象：在某个关键词的搜索结果里，这个词在靠前的网页全文里可能只出现了一两次，而那些明显关键词密度更高的网页反而排在很靠后的位置。再观察这些网页本身的质量，就能非常直观地了解，现在搜索引擎并不会因为关键词多就认为相关性高，而且对页面质量的看重要远远超过关键词。

事实上，在一篇正常写作完成的文章里，本身就会包含核心关键词，而且势必要提及与核心关键词相关的方方面面。但凡在前期收集行业信息时有基本的阅读量，各种相关词就会自然而然地从你的脑海跑到你的笔下，这个过程完全是下意识的，想刻意避开关键词都很难做到。

还有一种情况，就是文案写作人员和研究关键词的人员不是同一个人。即使是这样，笔者也推荐你直接记下几个最核心的关键词，再收藏几篇相对全面的行业信息介绍，一起发给文案作者。了解这些是他的基本功，了解之后再创作是保证内容质量的前提。如果你的打算是像传统的 SEO 那样，列出几百个关键词，然后只交代文案人员把这些词直接串成文章，笔者劝你打消念头，因为这样创作出的内容，大概率是搜索引擎最不喜欢的那种堆砌关键词、对用户没有价值的内容，对网站有百害而无一利。

另外，目前各大搜索引擎都正在大力加强语义搜索技术，即准确地了解用户搜索内容背后的真实意图，不再受字面本身的限制。这可能会使各种同义词、近义词的部署成为不必要。比如某个网页可能全文都只说“自行车”，即使你搜索的是“单车”，搜索引擎也同样能明白这两个词之间的关联，并把这个网页显示在你的搜索结果里。

可以预见，当语义搜索技术足够成熟时，我们就再也不用刻意添加同义词来保证搜索了。这是一个好消息，毕竟在正常行文时，对同一个东西一般都会保持一致的叫法，如果前面叫自行车，后面又改称单车，读起来还是略显奇怪的，对用户体验不利。

接下来介绍几种比较实用的扩展关键词的方法：

（1）关键词工具

这是最常见的方法，而且功能相对强大，能满足多种需要。输入你已经确定的核心关键词后，关键词工具能迅速为你推荐大量的相关词，而且这些词都是经过数据分析后筛选出来的，一般都具有一定的关注度，潜在价值比较高。针对每个关键词，列表中还会一并显示其日均搜索量和竞争激烈程度，方便进行参考和比较。如图 4 - 6 所示。

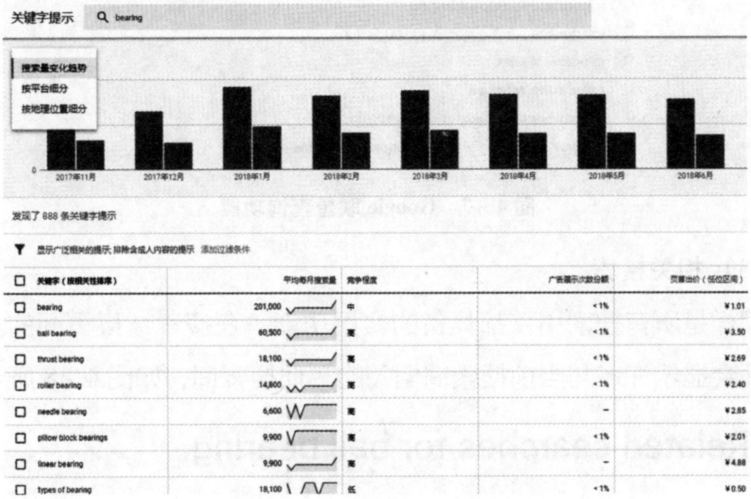

图 4 - 6　Google 关键词规划师页面示意

如果是找英文关键词，首选 Google 关键词规划师；如果只是做国内的网站，直接使用百度竞价后台也没有问题，基本功能都是可以满足的。百度指数中也可以显示相关关键词。

此外，还有很多第三方工具提供关键词挖掘功能，比如 Keyword-Tool. io、Kparser、Wordtracker，功能与 Google 关键词规划师有许多相似之处，你只需要使用其免费版本就可以获得大量关键词；如果使用付费版本，还能获得更多、更详细的数据。国内常见的第三方工具则包括站长之家（chinaz）、站长帮手（links. cn）、追词网（zhuici. com）等。

（2）搜索栏联想查询

应该所有搜索引擎都有这个功能：在搜索栏输入核心关键词，下拉搜索框就会显示相关的建议搜索词。这种搜索建议是搜索引擎根据受欢迎程度和相关度综合得出的，虽然用起来不像专门的关键词工具那么方便，但也是非常好的资源。如图 4 - 7 所示。

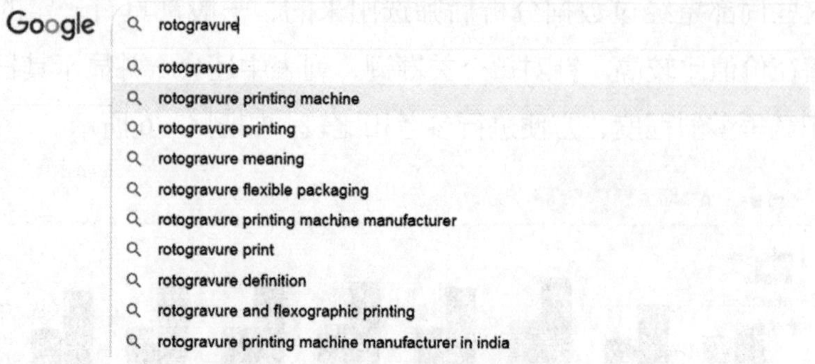

图 4－7　Google 联想查询功能

（3）相关搜索

同样是所有搜索引擎都具备的实用功能。在搜索结果页面的底部，一般都会显示许多与当前搜索词相关的其他搜索词，如图 4－8 所示。

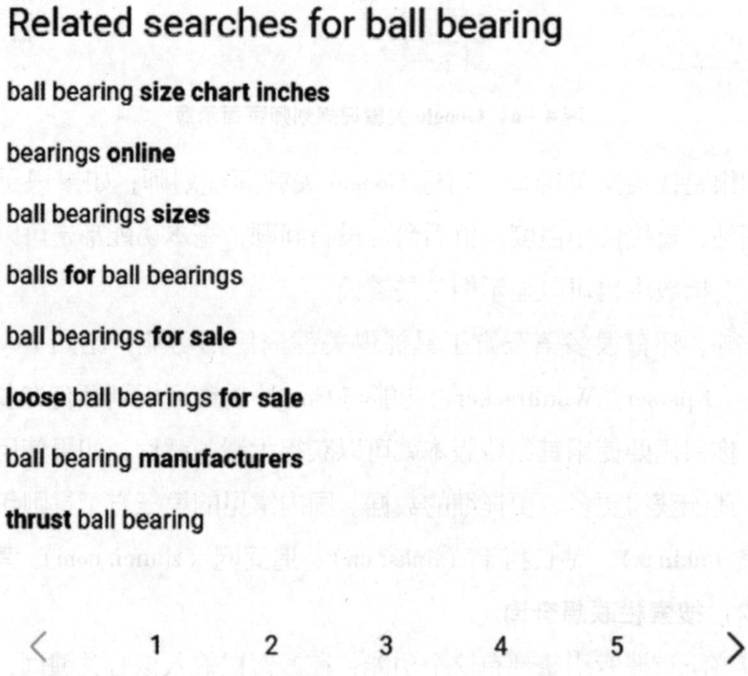

图 4－8　Bing 相关搜索功能

从笔者的经验来看，自动补全和相关搜索这两种方法，大多数情况下并不适合用来找更多的产品词，更适合用于对某一类产品的信息做更深入的了解。实际操作中，建议作为辅助手段使用。

4. Tips 专栏

这里是笔者总结的一些搜索时很好用的小技巧，可以节省时间、提高效率。

第一，网页搜索结果里，每个结果下面一般都会出现域名，通过域名我们就可以大致判断这个结果的参考价值如何、值不值得点开。

❖直接拿公司品牌名或产品名做域名的，大概率是真同行的官网，参考价值较高。

❖域名里出现了中文拼音的缩写，百分之百是中国公司的网站，不用点开。

❖域名后缀是 uk、usa、de、ja 之类的，大概率是国外同行。

❖带 shop、mart、online、amazon 等字眼的，都是贸易平台，不是公司，慎点开。

❖第一页搜索结果里一大片都是 cn、china、india、alibaba、made in china、globalsource 之类的，一个也不用看，而且这个产品名称的维度一定出了问题，必须换别的角度、别的名字重新找。

第二，Google 搜索时加某些符号可以帮助筛选结果（只适用于 Google）。

❖两个字段中间加加号（+），会搜索同时包含这两个字段的内容，如 printing machine + USA。

❖字段前面加减号（-），搜索结果中会筛选掉包括这个字段的所有内容，如 printing machine-china。

❖字段两边加英文格式的引号（“”），搜索结果中只会留下包括这个完整字段的内容，比如在搜索栏带引号输入“rotogravure printing press”，那么搜索结果里就只会显示完整包含 rotogravure printing press 一词的网页，而仅出现 printing press 或 rotogravure printing 字样的网页都不会被抓取。

需要注意的是，通过这些方式得到的搜索结果是“失真”的，只能在需要查找某个特定信息时帮你节省时间，不能代替自然搜索结果的可靠性。如果你想通过“pillow packaging machine -alibaba -china”来查找枕式包装机的国外同行，就是掩耳盗铃。

第三，得到网页搜索结果之后，可以按 Ctrl + F 快捷键使用页面搜索功能，把目标关键词输入搜索框，在整个页面内进行搜索。这样，只要是出现了这个字段的内容都会被高亮显示，能帮助你更加直观地判断这个产品词的可靠性，如图 4 – 9 所示。一般来说，密集度越高，名称越准确。

Horizontal Flow Wrappers - Campbell Wrapper Corporation ...
https://www.campbellwrapper.com/machinery/horizontal-flow-wrappers ▾
On-Edge Flow Wrappers are designed for products that travel through the flow wrapper and are packaged standing on edge. On-edge products include cookies, crackers, frozen hash browns, frozen meat patties, rice cakes, and more.
Fin-Seal-Flow-Wrappers · Shrink Wrappers · Dual-Lane-Flow-Wrappers · Product Distribution Systems

FW 350TC Horizontal Flow Wrapper - Packaging Aids
https://www.pacmachinery.com/packagingaids/product/fw-350t-flow-wrapper ▾
FW 350TC Flow Wrapper. The FW 350TC is a horizontal flow wrapper that's ideal for suppliers of products that must be packaged individually. This may include candies and confections, bakery, electronics, hardware, and medical products. This entry-level machine is a high performance packaging system in a small footprint (7 square feet).

Images of flow wrapper
bing.com/images

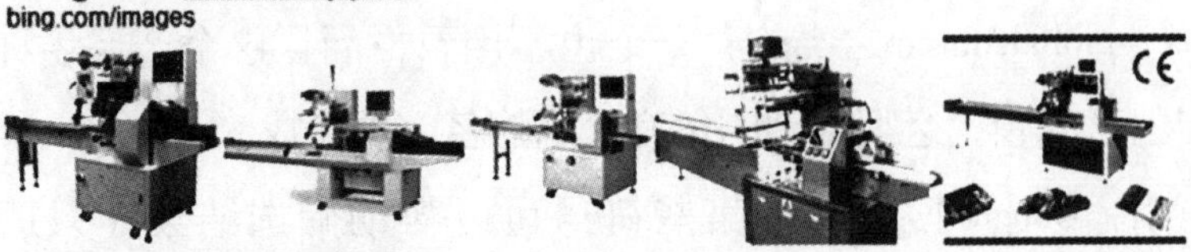

See more images of flow wrapper

What is Flow Wrapping? - Package Machinery
www.packagemachinery.com/resources/what-is-flow-wrapping ▾
Flow wrapping is a horizontal-motion process in which product of any shape is wrapped in clear or printed polypropylene film. The end result is a flexible package with a non-lap type seal on the bottom and crimped end seals. Good flow-wrappers get the film tightly around the product to ...

Flow Wrapper - Today Machine
https://www.todaymachine.com/flow-wrapper ▾
Horizontal Wrapping Machine/Flow Wrapper biscuits, rice Krispies treats, snow cakes, breads, instant noodles, rice noodles, daily necessities, tissues, sanitary towels, industrial parts, paper boxes, tray...
Character Dual servo motors and single frequency conversion control, bag length can be set and cut in one step, saving time and film.

图 4 –9 搜索并高亮显示 Flow Wrapper 的网页结果

第四，快速筛选时可以先看图片结果，再看网页结果，会更直观。

❖如果图片结果大多和你要找的产品样子不一样，名字肯定是错的，直接跳过。

❖图片左下方一般会显示域名（Bing 是鼠标挪上去后再悬浮显示域名，Google 是直接显示），可以帮助判断：如果图片和实物相符，但域名大多是 china、alibaba，名字同样大概率是错的。

❖因为国内外知识产权问题的情况不一样，国内公司网站的图片大多是有水印的，国外公司则大多没有。这是一个更加直观的标志：如果图片搜索结果里大多有水印，名字大概率是错的。如图 4－10 所示；如果图片大多是干净清晰的，名字可靠性高，如图 4－11 所示，而且此时可以直接点开图片查看对应的网页，很可能就是一个优质的国外同行。

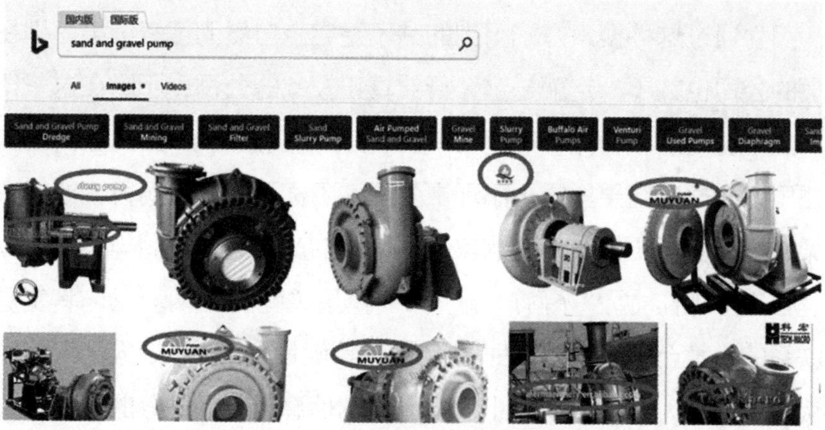

图 4－10　中国式英文名 sand and gravel pump（砂砾泵）图片搜索结果

第五，国外同行也是有好有坏的，要学会甄别。重点要看文字内容是不是言之有物，导航和列表是不是逻辑清晰，千万不要看到一整屏华丽的页面设计就觉得一定是好网站。不过 logo 的质感是有参考价值的，大公司的 logo 确实更简洁大方、赏心悦目一些。

第六，如果搜索某类产品的国外同行时，搜索结果里总是避不开中国、印度的公司，可以在搜索栏里加上“USA”“UK”等字眼，起到初步筛选的作用，使搜索结果更多地出现美国、英国或其他目标国家的

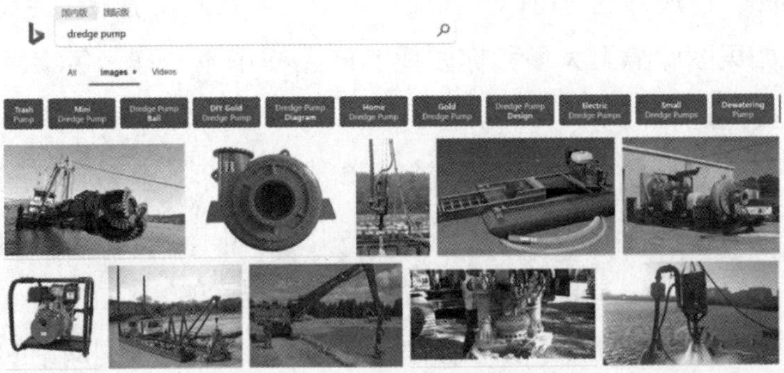

图 4 – 11　准确产品名 dredge pump（挖泥泵）的图片搜索结果

公司。

需要注意的是，这同样是权宜之计，我们只能先用这种方法找到一两家外国公司，大概了解一下他们对这类产品的叫法，作为我们的突破口。因为通过这种搜索方式得到的并不是完全自然的搜索结果，排在第一页的公司也并不一定就是这个行业真正权威的公司，所以在这里得到的产品关键词必须再做一次“反向验证”，即把这个产品关键词放到搜索栏里，看搜索结果里是否出现更多的、更优质的国外同行。如果搜索结果并没有变得更好，说明这家公司使用的产品关键词同样不可取。

在实际工作中，“了解产品”和“挖掘关键词”两项工作其实是紧密联系的，甚至可以说是同时进行的。事实上，只要策划人员保持谨慎和认真的态度，在各个角度上对产品基本信息都做了充分的了解，要找到核心关键词并非难事；找对了产品关键词之后，便捷的互联网也会把你想知道的一切都带给你。

如果你在这两部分的“基本功”做得好，对产品本身和整个行业都有广泛的阅读和深入的研究，那无论是设计架构、写文案或规划页面，都只会越来越得心应手。

第五章

如何设计信息架构

现在，我们已经明确了广告营销的对象，对产品和行业的知识也有了比较全面的了解，可以着手搭建整个广告网站的信息架构。

“信息架构”的定义是**“网站当中所有信息的组成结构”**。一个设计合理的信息架构，可以使你的产品信息更易于被理解和索引，也是决定用户黏度[①]的关键因素之一。

用更易于理解的方式来说，网站上的“导航栏”就是信息架构中最重要的部分之一。我们在设计这个导航系统时，要考虑的问题可能包括：导航栏上要展示哪些栏目？每个栏目各自要展现什么内容？各个栏目的内容之间是怎么相互联系、相互印证的？等等。

我们把这个章节放在“如何撰写广告内容”之前，就是因为需要先设计好一个广告网站的信息架构，才能基于这个架构设计的目的和要求，有方向地丰满其内容。

这项架构设计工作，就相当于小说家在动笔之前拟出的故事大纲，或是建筑师在施工之前画好的精准蓝图。在这一步，我们要把通过之前步骤得到的所有灵感、创意、心得，都组织成一个完整的、逻辑自洽的体系。

这一章，我们将详细地讨论针对不同类型的产品，如何设计出最能体现其特点、迎合买家需求的架构。架构设计其实是远比网页设计重要的一环，但目前在网站制作行业并没有得到足够的重视，专门针对这个方面的讨论也非常有限，大多停留在理论层面。因此，笔者在下面尽可能全面地总结了可能出现的情况，并列举了大量实例，包括正面的和反面的实例，以期给读者带来更多实际的帮助。

---

① 用户黏度（User/Customer Stickiness），指网站吸引访问者在本网站逗留时间长短的能力。

一、目的和原则

我们知道，当一个买家点进你的广告网站时，你设计的信息架构就引导着对方的点击和浏览行为。因此，一个设计合理的广告框架，应当满足以下几个要求：

1. 以需求为导向

架构设计的目的是帮助买家去找他想看的内容，那么所有栏目都必须针对买家的需求来设计，以回答买家心中的疑问为核心目的。合理的思维方式是，“我是做工程的，买家一定关心我做过什么大项目”，所以“我需要设计一个工程案例栏目”，而不是“这个网站的案例栏目做得真好看”，所以“我也要按照他的做一个”。

一旦忽略了这个原则，做出来的广告框架就很容易变成只是许多离散的栏目堆砌在一起，而所谓的“设计目的”也不复存在了，这些栏目和内容存在的动因可能仅仅是你偶然一拍脑门的“这个可以有啊”；至于你的买家，很有可能并不想看这些内容，或者看完了也不知道你到底想说明什么。

举一个比较典型的例子，中国很多做激光美容仪器的厂家，其实主要是帮国外品牌做 OEM 贴牌的，或者卖给一些美容诊所。这种厂家自己是不生产激光器、手柄之类的核心部件的，甚至所有部件都不是自产的，只是采购部件然后做组装。那么，这类工厂的优势显然在设计或生产上，而不在技术上，他们的买家也不是因为技术先进才来找他们做 OEM 的。这种情况下，如果说为了效仿国外公司，或者为了让买家觉得自己专业，在产品架构里设计长篇大论的激光原理介绍栏目是没有意义的，甚至有的公司想学别人做原理介绍，但又有心无力，于是直接从百度百科或其他同行那里复制，更是有害无利。回头想想，买家们更关心的明明是产品质量有没有保障、价格是否划算、生产规模大不大、设备外观好不好看，并不打算看那些千篇一律、言过其实的治疗原理，我们设计架构时就不会钻这样的牛角尖了，而是有的放矢地讲真正重要的优势。

2. 点面相应

营销广告实质上就是向买家做一道证明题，我们需要通过多种方式、多个角度、多个论据来证明一个结论。要在整个页面中更好地实现这个广告目的，我们的信息架构既要在数据面上“放得开”，又要在焦点上“收得拢”。

一方面即使我们的产品看起来很简单、很单一，也要尽可能挖掘出它背后的所有相关问题和有效数据，比如工艺过程、原材料类型、市场应用等；另一方面无论你设计了多少栏目、多少内容，最终都应该高度聚焦，指向同一个核心。至于这个“核心”应该是什么，这是在第一步“设计营销思路”时就需要思考并确定下来的内容。一个做印刷设备的工厂，其广告架构的焦点可以是“定制凹版印刷机”“卷对卷印刷解决方案”，或者“各类印刷设备和耗材的一站式采购”。即使你卖的产品并没有任何区别，但当你选择了不同的焦点，为了贯彻它，接下来要设计和展示的内容就是截然不同的。图 5－1、图 5－2 是两个简化的框架设计，帮助大家更加直观地理解。

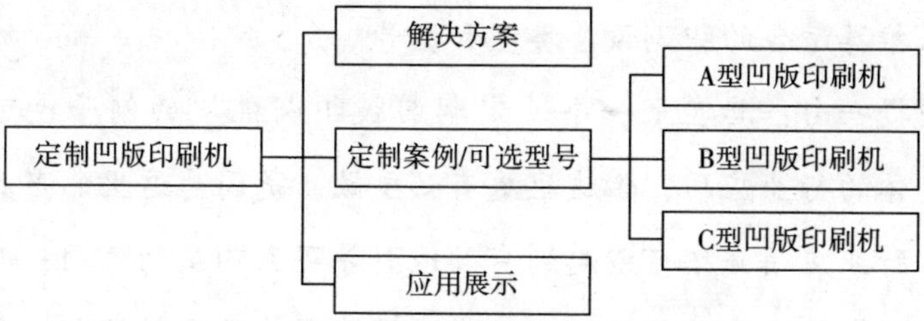

图 5－1　定制凹版印刷机框架设计

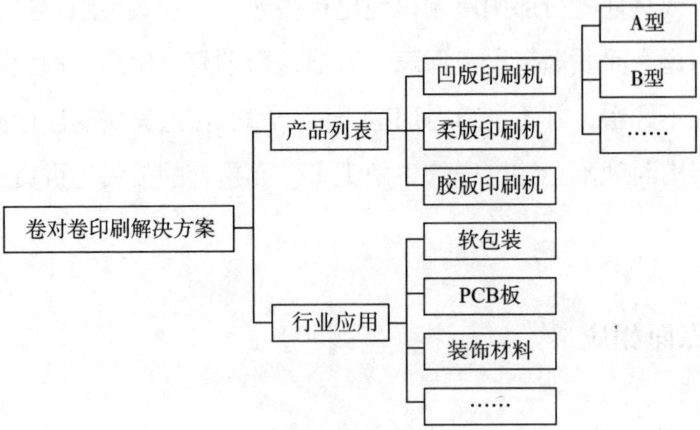

图 5－2　卷对卷印刷解决方案

虽然工厂能制造许多类型的印刷设备，但为了体现专业性，在这个广告上仅把市场定位集中在“提供定制的凹版印刷机”。产品单一，但可以讲得更深、更专业。

第一个栏目对凹版印刷机本身做系统性的介绍，讲清楚“我有能力做什么”；第二个栏目举实例证明“我已经成功做过什么”，第三个栏目则展示大量的、不同类型的凹版印刷样品效果图，针对买家的需求说明“我的产品可以用来做什么”。

卖各种类型的印刷设备，而且以标准品为主，但根据产品的共性，把市场定位聚焦在“卷对卷印刷”上。

第一个栏目直接按类型列出各种可用于卷对卷印刷的设备，买家可以直接选择；第二个栏目则分析各个应用行业的特点，然后可以针对不同应用来推荐适合的印刷设备类型和型号。

顺便提一句：其实上一个“定制凹版印刷机”的例子也可以像这样做出具体的行业应用，但这里更有必要做，是因为这里的产品类型更加丰富，行业应用介绍可以起到有效地引导买家购买的作用；而上面那个例子里原本就只有一款产品，不存在需要引导购买的问题，所以没有必要，除非是打算通过应用介绍来体现专业性。这也是栏目设计随广告焦点变化而变化的一种体现。

3. 路径清晰

在如今这种互联网上的信息早已爆炸的时代，人们在获取信息时的耐心和注意力是极其有限的资源。因此，广告架构的设计不宜过于复杂，要尽可能帮买家减少浏览和点击时的麻烦，而不是制造麻烦。如果你的广告架构层次丰富却眼花缭乱，你的买家一会儿不知道该点哪个，一会儿又不知道该怎么点回之前的页面，半天找不到自己想看的东西，用不了几个回合他的耐心就耗完了。

所以，一个好的架构层次，应当满足以下两个方面的要求：

一是**整个信息架构所展示的信息之和是完整的**，对于“我是谁”“我做什么”“我为什么能做好”等几个买家最关心的基本问题，都能迅速在网站的相应栏目里找到清楚的答案。

二是**任一栏目所展示的信息都是相对完整、自成一体的**，而不是散落在信息架构的其他分支中，因此当买家对某个方面特别关心时，比如“公司实力”，他只需要深入了解当前栏目就能获得足够的信息，而不需要在不同的栏目点来点去。

二、 标准产品主列表设计

买家进入页面后，首先要看的就是产品部分的内容。当产品类型多样、关系复杂时，就越需要通过合理的设计，有效指引买家更快、更方便地找到自己需要的产品。产品架构设计因此也是最难、最复杂的工作之一，可以说占去了整个信息架构设计 80% 的工作量。

产品列表中需要展示的产品往往是非常多元的，而且不同产品标签之间并不都是简单的并列关系。要合理地展示这些内容，我们需要运用一些结构方法。

在网站设计上，4 种最常见的结构方法分别是：层级结构、矩阵结构、自然结构及线性结构。

层级结构：自上而下的分类，上下级类别之间是包含关系，同级不同类别之间是并列且互斥的关系。这种结构非常便于用户理解，因此也是最常见的方式。如图 5－3 所示。

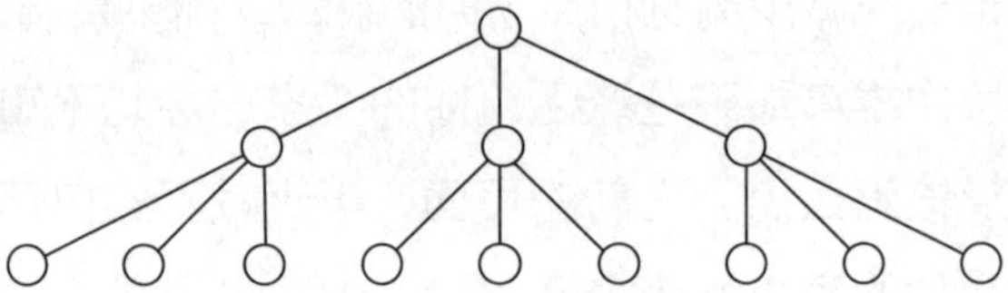

图 5－3　层级结构

矩阵结构：允许产品同时采用不同的维度来分类和展示，比如“按颜色”“按尺寸”“按应用”等。这种结构主要是帮助带着不同需求而来的用户，在相同的内容中找到各自想要的东西。需要注意的是，超过 3 个维度的矩阵，可能会给用户带来麻烦。如图 5－4 所示。

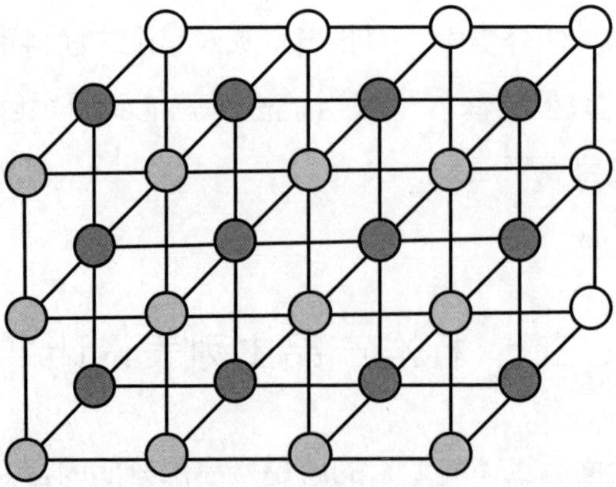

图 5－4　矩阵结构

自然结构：自然结构并没有明显的分类概念，也不遵循任何一致的模式，比如一些视频和娱乐网站的“标签”设计、单个产品页的相关链接等。如果你想鼓励用户自由探索内容，可以考虑这种结构，但最好不要用作主要的导航结构，必须通过其他信息结构来配合和约束。如图 5－5 所示。

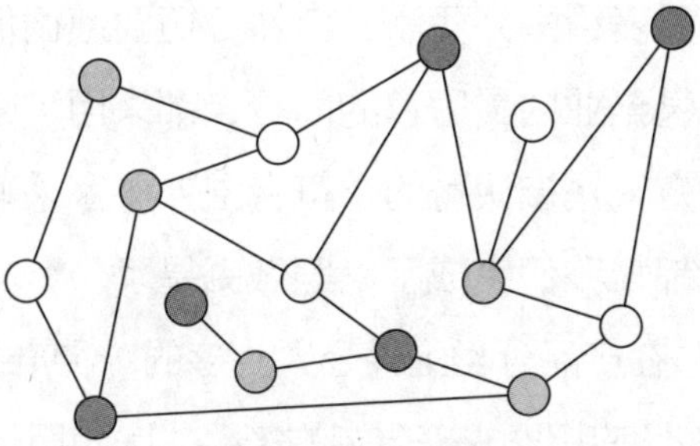

图 5－5　自然结构

线性结构：适用于简单直观的关系。在产品列表中应用不多，常见的如一条生产线上的各种设备。如图 5－6 所示。

图 5－6　线性结构

一般来说，层级结构可以解决绝大多数的产品分类问题。在笔者看来，矩阵结构其实也可以理解为层级结构 × N，本质上差不多，在单个维度上依然要遵循层级结构的规则，否则必然导致逻辑混乱。线性结构同样可以理解为最简单的层级结构。自然结构在产品列表的应用里则非常有限，大多数情况下只能起到辅助的作用。因此，层级结构几乎可以视作信息架构的“主旋律”，其基本原则**“上下级包含、同级并列且互斥”**可以成为一条需要时刻牢记的通用原则。

大多数情况下，产品列表的梳理就是基于这一原则完成的。遵循它，就可以保证架构的基本逻辑清晰。但在实际操作时，有些产品之间的关系可能非常复杂，并不是用一种模式就都能套得出的，更多的精力依然需要投入在分析和摸索上。这可以通过以下几种方式来完成：

1. 参考国外同行

如果你找到了值得参考的国外同行，信息架构可直接参照国外的通用方式来分。看上去简单粗暴，对吧？但这是最有效也最合理的首选方式。我们是要把产品卖给国外买家，自然一切要遵循他们的规矩。如果大多数国外同行，甚至业内最厉害的同行，都采用了某种一致的分类方式，足以证明这种方式是被认可的、符合国外买家采购习惯的。市场分析、行为研究人员都帮我们完成了，照做就是了。

笔者曾经遇到过在产品分类上最令人头疼的一种产品，就是塑料包装袋。这是几乎完全按照应用要求来定制的产品，比如用几层复合的塑料膜，对氧气/水分/紫外线的阻隔性能有没有要求，表面要不要印刷，是要已经做好成型的塑料袋还是直接买成卷的塑料膜……产品要素之多、关系之复杂，让人无所适从。而国内企业的分类思路又没有太多的参考价值，他们的产品列表大多是“食品包装袋”“药品包装袋”“农药包装袋”等，点开之后只有大堆的产品样品图，没有文字介绍。如图5－7所示。

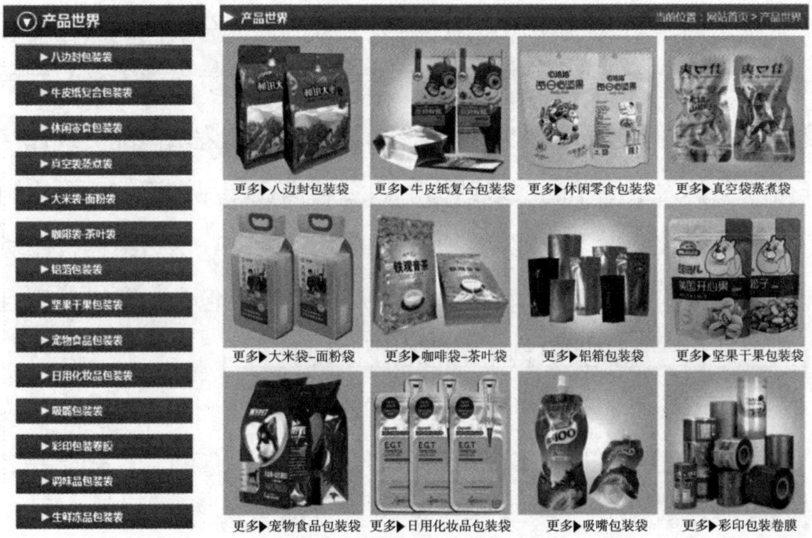

图5－7　国内某塑料包装袋公司产品总目录

笔者非常清楚这种方式肯定是不能直接采用的，但又不知道到底怎么分。如果只看层级结构逻辑，无论是按应用、材料、形状或表面印刷来分类，都能分得出来，而且看起来都很像，这又该怎么选呢？

当笔者查阅了大量的国外同行资料之后，虽不说困境一下子迎刃而解了，但让笔者有了更加清晰的思路。首先，笔者发现“塑料卷膜（Rollstock

Film)”和“预制塑料袋（Premade/Preformed Pouch）”似乎是非常重要的产品分类方式，它们不仅频繁出现，而且经常同时出现在产品列表里。另外，还有“高阻隔包装膜（High Barrier Packaging Film）”“复合包装膜（Laminating Film）”和“金属化复合包装膜（Metalized Laminating Film）”。

深入阅读之后，笔者理解了其内在原因：买这些定制塑料包装的人，都是买了包装材料之后，自己用包装机来完成产品装填和封口；他们用的是什么类型的包装机，决定了他们到底要买卷膜还是预制袋，否则买了也用不了，所以这必然是买家首先关心的问题。另外，这些塑料包装的应用虽多，最主要的区别就体现在阻隔性能上。比如药品包装一般都要求极高的阻隔性，所以会选择阻隔性能更强的材料，并且多层复合（Laminate），甚至加一层镀铝或铝箔（Metalize）来进一步增强阻隔。更重要的是，“高阻隔包装”虽然只是一类统称，做成袋子或卷膜都可以，但能做高阻隔包装材料的公司往往把这类产品当作重要的卖点，把它单独列出来。

国内企业热衷的“医药包装”“食品包装”的分类虽然也会在国外企业的网站里出现，但并不在主产品列表里，而是另外有一个“服务市场（Markets）”或“服务行业（industries）”的栏目来展示。

于是产品要素之间的关系逐渐清晰，笔者综合了不同同行的做法，梳理出了新的思路。如表 5－1 所示。

表 5－1　产品要素之间的关系

产品（Products）	服务市场（Markets）
预制塑料袋（Premade Pouch） －可选袋型（Pouch Styles） 塑料卷膜（Rollstock Film） 高阻隔包装（High Barrier Packaging Film） －复合包装膜（Laminating Film） －金属化复合包装膜（Metalized Laminating Film）	生鲜包装（Fresh Packaging） 医药包装（Pharmaceutical Packaging） 零食包装（Snack Packaging） 液体包装（Liquid Packaging） 工业包装（Industrial Packaging） ……

当然，这种方式肯定不是唯一的。即使是同类产品，不同公司的市场定位和重点产品不同，因此架构设计的可能性是无限的。哪怕是完全基于同样的信息，我们也可以设计出不一样的信息架构。像表5-2的架构，层次看起来会更扁平简单，风险是单个页面的介绍内容可能会单薄一些，但和表5-1这种并没有绝对的优劣之分。

表5-2 信息架构

包装膜（Roll Stock Film）	包装袋（Premade Pouch）	服务市场（Markets）
普通包装膜（Custom Printed①Rollstock） 复合包装膜（High Barrier Laminating Film） 金属化复合膜（Metalized Laminating Film）	自立袋（Stand-up Pouch） 平袋（Flat Pouch） 风琴袋（Gusset Pouch） 棒状袋（Stickpack） 吸嘴袋（Spouted Pouch） ……	生鲜包装（Fresh Packaging） 医药包装（Pharmaceutical Packaging） 零食包装（Snack Packaging） 液体包装（Liquid Packaging） 工业包装（Industrial Packaging） ……

这种直接参考国外同行的方式，在实际执行时，也有一些问题需要注意。

首先，**必须确保自己已经比较完整地理解了现有产品分类和名称的内涵**。当你发觉现有的分类和国外同行的分类完全不同时，你既不知道该不该调整，也不知道该怎么调整。事实上，即使我们已经对产品有了一定的了解，在这个“查阅国外同行”的过程中，依然会不断地产生新的问题，需要不断地深入了解一些可能之前根本没有想过的角度。有时国内外对同一类产品的营销方式差异之大，足以使你手上现有的资料近乎作废，逼你不得不推翻重来。

其次，**你查阅的国外同行要足够多，而且最好要经得起反向验证**，避免片面和偏差。国外同行也不是个个都值得参考，比如一看公司照片

① 这家公司所有包装膜都是可以定制印刷的，所以笔者在这里使用“custom printed”暗示这一类只是普通的、没有复合结构的塑料膜。产品列表中的名称以准确、有效为主，不是非要对仗的，所以不要纠结为什么不直译成“normal”，因为根本没人这么叫；但“可定制印刷”是买家关心的点，这就属于有效关键词。

就知道是实力不强的公司，一看页面设计就知道他们是压根没认真做网站的公司，或者是一看版式就是二十年前老网站的公司，其参考价值都要多打几个问号。

即使是业内最厉害的企业，他的做法也不一定适合你。最常见的情况是，恰恰因为这个公司太厉害，在业内太过知名，以至于他们根本不需要做多么通用的产品分类，也不用多么准确的产品名称，就足以被搜索引擎认可。因此，他们的分类和名称完全可以按照自己的偏好来，比如直接按他们公司的型号系列名称来分类产品。你能怎么办？你敢学吗？比如做钩编机最厉害的 COMEZ 公司，笔者去参考他们的分类时，发现整个产品列表压根就没出现与“钩编机（Crochet Machine）”有关的字样，直接按行业应用分的，点进去之后就是 COMEZ 自己的机型代号。这个时候，我们顶多得出“设备的应用很重要”的结论，或者也可以增加一个类似的行业应用展示栏目作为辅助的产品索引列表，但绝不能仅仅照搬他们的方式来做我们的产品主导航。

做动物屠宰和肉类加工生产线的行业龙头之一——Frontmatec，对猪牛羊屠宰线的叫法就是猪肉解决方案（Pork Solution）、牛肉解决方案（Beef Solution）、羊肉解决方案（Lamb Solution），整个行业就他们一家这么叫。明明国际通用叫法就是猪牛羊屠宰线（Pig/Cattle/Sheep Slaughter Line），一般的国外企业都用这个名字，Frontmatec 就是不用，而且整个网站几乎没提到我们最看重的产品主词，感觉文案的重点都放在了如何又优雅又高端地介绍企业的使命和成就，没考虑关键词的问题，这底气不服不行。要是我们只看他们的名头，看他们这么做了就照着学，下场可想而知。

解决办法也很简单，一是要查阅足够多的国外同行，保证结论是具备一定“通用性”的；二是必须把你总结得到的产品分类和名称在 Google 里再搜索一次，看看是否也有大量相符合的搜索结果，也就是“反向验证”。前面提到的 Pork Solution，如果在 Google 里搜索，除了能搜到 Frontmatec 一家之外，就搜不到其他做屠宰线的公司了，因此我们是不能采用的。

2. 以买家采购行为为线索

如果你没有那么幸运，面对的产品非常特殊，根本找不到情况相似的国外同行，或者国外同行们的做法千奇百怪无法总结。那么，现在没有捷径可走了，只能回归到最原始的思路上，重新梳理，尽量按照买家实际的采购行为分类。

架构也好，导航也好，都是为了帮助买家找到想要的东西。本质上，我们是要通过信息架构的层次关系，模拟并还原买家选购产品时的过程。好比在商场里，总是男装、女装、童装各占一层楼；每个店铺里，也总是T恤、衬衫、裤子、风衣各摆一个区域，橱窗里则会展示出推荐的搭配。没有别的原因，只是消费者先考虑“给谁买衣服”，再考虑“买什么衣服”。反过来，想象一下所有的衬衫放在某一层，所有的裤子放在另一层，且不说消费者在这一层中无数的男装T恤、女装T恤、童装T恤里去找想要的那件T恤要花多长时间，假设买完上衣后打算再买一条搭配的裤子，就得去另一层楼再翻一遍……给消费者带来高出这么多倍的选择成本，商场非倒闭不可。

同样的，我们在梳理产品分类和层次关系时，也可以遵循这一思路。最简单的方式就是直接询问客户的老板或业务员：这边新买家过来咨询时，一般都先问什么？或者要给不同的买家推荐产品时，你一般会先确定他的什么需求？是材料、结构还是应用？然后，你就能一层一层地梳理出逻辑。哪怕是你的客户把手一摊，说“买家也不问什么，直接看图片样子就买了”，那么你也会知道，你最后的选择可以是干脆不做列表，就在产品总目录页面摆出产品图片，直接点击图片查看详情介绍。只要客户告诉你的情况是真的，不是在随口敷衍你，那么这也未必是不可取的做法。

另外，所谓“没有足够值得参考的国外同行”，也不是一点有效信息都没有。一般来说，第一级产品列表总是比较好确认的，越往下细分就越难。如果你遇到的就是这种情况，有一种保险的做法就是，在产品导航列表上只展示到你有把握确定的那一层，再往下细分的子类就不展示到列表上了，只有点开大类页面时才可以看到。

这样做的好处是，你的买家在第一眼查看产品列表时不会发现有问题，不会因为看到了奇怪的名称就觉得你不专业；而当他点开其中一个页面的时候，你可以在页面里先把这个大类介绍清楚，底下的子类当作“可选型号”来展示。这样即使子类产品的叫法有不妥的地方，哪怕是你压根没找到叫法，只放了型号名，买家也能理解你的意思，而且已经通过你的大类介绍了解了最重要的信息。

下面这个国外公司，是做表面涂装设备（Finishing Equipment）的。这类设备大多是定制的，真正能确定的分类只有设备所实现的工艺，比如真空涂装（Vacuum Coating）、辊涂（Roll Coating）、淋涂（Curtain Coating）等涂装方式，以及固化（Curing）、砂光（Sanding）等后处理工序。至于具体的设备，比如都是辊涂机这一类设备，每个公司做出来的设备长相、功能都不一样，叫法也不同，并没有通用分类。因此，他们的产品列表上只按工艺分了一级。如图 5-8 所示。

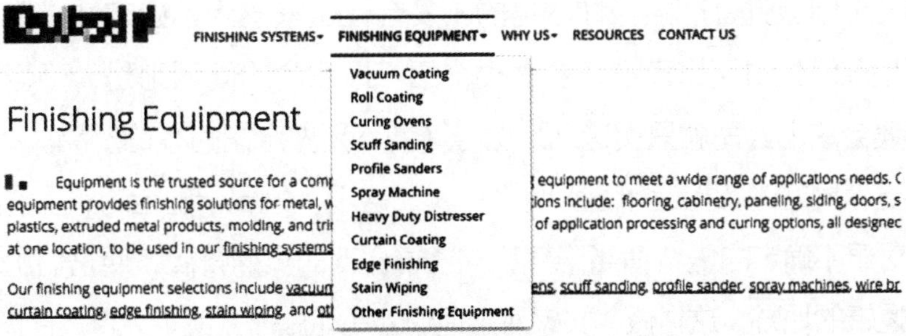

图 5-8　产品下拉列表

当我们点开“辊涂（Roll Coating）”这个页面，就会看到他们把这类设备的特点、自己设计和制造辊涂机的优势都先写在了前面，并解释清楚了他们公司实际上是提供定制设备的，各种各样的辊涂机都可以做，底下再展示他们现有的辊涂机型号。如图 5 –9 所示。

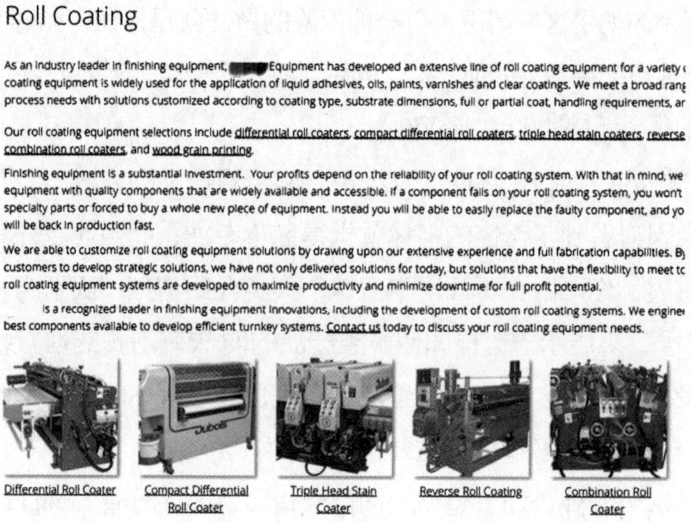

图 5 –9　“辊涂（roll coating）” 大类产品介绍页面

事实上，这些不同型号辊涂机的名称如 “Differential Roll Coater” “Triple Head Stain Coater”，如果在 Google 里反向验证，你会发现它们根本不具备通用性。也就是说，这并不是大多数人都认可的习惯性叫法，只是他们公司的一种描述性叫法。

可以想象，如果直接把他们现有的辊涂机直接列在产品列表上，那么第一个问题就是产品名称本身的不妥会让买家感到不确定性，第二个问题是难以鼓励买家点击查看大类介绍，最致命的问题则是，可能导致买家误会这个公司就只卖这几个型号（而不是做定制的）的产品。

这家网站的架构设计的聪明之处就在这里，先展示确定的、重要的内容，对于不确定的内容适当隐藏，并通过合理的页面排版，使它们出现在符合逻辑的地方。这样做，买家对于他们公司能做什么就不会有任何误解。

3. 切忌违背逻辑的关键词堆砌

产品列表的分类逻辑，一方面决定了买家能否比较容易找到自己需要的产品；另一方面体现了这家公司对自己产品是否足够专业。

可能是早年互联网“优化”风潮的流弊，目前国内企业还存在大量的在产品列表上堆砌关键词的现象，比如图 5 - 10 这家做垃圾打包机的企业。

图 5 - 10　国内某垃圾处理设备制造公司的产品总列表

从左侧列表上看，是不是觉得他们家设备种类还挺多的？实际上，这家公司的打包机就只有两大类——“全自动打包机”和“半自动打包机”，最多能在下一级再分出采用提升门的打包机或开关门的打包机。用来打包废纸也好，秸秆也好，或是轮胎、棉花、水瓶等，任何一款打包机都是可以全部适用的，并不存在专门用来打包某类东西的打包机。

所以，列表上名字看起来多，其内涵全都是重复的。这样做的后果就是，除了“全自动打包机”“半自动打包机”几个页面有介绍之外，其他的产品介绍根本没法写，于是干脆就没写。如图 5 - 11 所示。

设计这种产品列表的动机很好理解，无非是希望在不同行业、可能使用不同产品名称的用户，都有机会找到自家的产品。很多年前，搜索

图 5－11　重复产品的详情介绍页面

引擎曾经很依赖于所谓的“关键词”来索引相关结果。但这种想法本质上是一种“作弊”的行为，明明是提供不了任何价值的页面，却想利用搜索引擎的规则，让人们误以为这个页面是“有价值”的。

现在，搜索引擎已经越来越智能化，像 Google 公司，一直在改进算法，使搜索引擎的逻辑与人类的逻辑更加接近，目的是最大限度地为客户提供更有价值的信息。在未来，这一点一定会贯彻得越来越彻底。如果我们牺牲了基本的逻辑，还制造了大量的没有任何内容的无效页面，只是靠堆砌关键词就想糊弄搜索引擎，这是不可能的。

这同样是一个好消息。其实我们都知道，纯粹机器的逻辑和自然人类的逻辑在很多地方都是冲突的。以前，为了满足销售漏斗公式①里的第一步“流量”，我们不得不额外花时间和精力去研究怎么对付搜索引擎的机器逻辑，而牺牲了对用户的友好，导致第二步的“转化率”难以实现。毕竟不管以什么方式索引，最终来看页面的都是你的用户，他们都是人不是机器，他们只以人的逻辑来理解你的架构、你的内容。你

① 销售漏斗公式：销售额 = 流量 × 转化率 × 客单价 × 复购率。

忽视了他们，他们自然也就不买你的账。

现在不一样了，既然搜索引擎本身就在努力使自己的机器逻辑向人的逻辑靠拢，我们在设计信息架构时就不必这么纠结，不必手心手背地权衡，也不必再额外花大量的时间去想着如何迎合搜索引擎了。因为我们已经知道它的终点在哪里，而只需要向着同一个方向行进，它就自然而然成为我们的助力，那就是——**用户为王**。

我们只需要考虑用户到底想看什么样的内容，他们是以什么方式来选择产品的，什么样的信息架构能最好地契合他们的浏览需求，能让他们在更短的时间里更方便地得到更多有用的信息。而之前占搜索引擎便宜、恶意优化的种种做法，都必须随时代摒弃，否则将是我们被时代摒弃。

这个时候，我们再回头看这个垃圾打包机的例子，有没有什么办法既满足“迎合不同行业买家需求”的目的，又不造成逻辑混乱和内容空洞的问题呢？其实也很简单，如表 5－3 所示。

表 5－3　垃圾打包机应用/案例展示

产品	应用/案例展示
全自动打包机 －开关门型 －提升门型 半自动打包机 －开关门型 －提升门型	纸箱厂在线打包 啤酒厂在线打包 分选专用打包 轻浮材料打包 生活垃圾打包 秸秆打包 矿泉水水瓶打包 轮胎打包 棉花打包 棕榈打包

首先，产品列表必须老老实实地只列出“全自动打包机”和“半自动打包机”，然后另外建一个“应用展示”的栏目，把“秸秆打包机”“废纸打包机”等都挪进去。如果对于不同的应用实在写不出介绍内容，只展示图片和名称即可。不过更理想的做法是，以客户案例的形式来做

应用展示栏目，这样一来，每张设备图片都成了案例现场图，再配上关于合作时间、客户需求、合作过程的简单介绍，不仅展示了各种“秸秆打包机”“废纸打包机”等，还直接给潜在买家们提供了信心支持。

简单小结一下：只要是买家关心的内容，你想在页面上放什么都可以，但必须运用智慧，让这些内容都出现在合理的地方，而且都有与之相对应的、有价值的介绍内容来支撑。没有逻辑、没有内涵的“优化”，才是恶意优化。

三、定制产品/解决方案设计

一个“产品列表”，一般只能解决标准产品/现有库存产品的架构问题。接下来，我们要增加变量，考虑更复杂的情况：如果这个公司根本不卖标准品，只卖定制解决方案呢？或者是标准品和定制品都卖，而且都很重要呢？

定制品的营销与标准品的最大区别就在于，不能太过专注于对某个产品的介绍，而让客户对我们能做的产品范围产生误解。实际上，就是需要处处体现“其实我什么都能做”。

一般来说，定制品至少会有两个产品介绍模块：一个是纵向的和系统性的，负责讲清楚定制业务本身包括哪些内容、怎么做的；另一个是横向的和具体的，负责列举大量定制过的或能定制的产品案例。前者是“点”，后者是“面”。

基于这个设计思路，我们分不同的情况来探讨和细化。

1. 完全定制的工程/生产线/设备

典型产品： 集装箱房屋、塑料生产线、垃圾处理系统、温室工程……

公式总结： 解决方案 + 系统构成/单机 + 案例 + 服务 + 其他。

设计要点：

所谓定制工程项目或者生产线、设备，其实卖的不是产品，而是服务、资源和经验，特点就是高度定制化、项目规模大、合作周期长。既然这些是这个公司真正的价值，也是买家最关心的地方，那么我们相应地在架构里给出答案即可。在这个层面上，我们可以把客户当成患者，我们是医生，我们的产品就是治病的良药。

定制工程类产品的最大特点就是不确定性极高，无论是案例、服务还是产品，往往都需要长篇大论地介绍，单个页面的信息量比较大。这类产品的广告内容撰写也是一大难点。相应地，其信息架构的设计不会太复杂，相当于只需要针对产品特点、分割出几个小的命题作文就可以了，剩下的重头戏都交给广告内容。而这几篇小作文的编排，万变不离其宗，无非是在以下几个模块里变化：

（1）解决方案

这是必不可少的，也是最重要的模块，其作用相当于“产品”栏目，我们得先把到底是干什么的向买家说清楚。毕竟不是一个普通的产品，而是一个系统工程，所以在这里介绍的内容需要涵盖整个系统的应用、构成部分、主要优点等重要方面。当你的买家看完这个模块后，就应该对你能为他做什么、带来什么好处，有足够清晰的认知了。

有的时候，这个公司真正的解决方案概括起来只有一个，所有项目都是运用某一个相同的基本原理完成的，只是按不同买家的要求在一些细节上做调整和变化，但变化情况又实在太多，不可能列举，只能概括。这种情况下，只需要做一个总的“解决方案”介绍，大致说清楚能做什么就可以了。有的时候，这个公司的解决方案可能有很多种，而且彼此之间无论是应用还是原理都截然不同，比如做塑料生产线，可能分为流延膜生产线、挤塑生产线、造粒生产线，都需要在解决方案栏目下再一一列出。

还有一种情况是介乎二者之间的，虽然原理相似，但某些配置的变化会导致其应用完全不同，所服务的买家群体也产生差异，为了更好地迎合买家的需求，引导他们选择最适合的方案，我们可以有意识地做出拆分，更细化地进行介绍。比如同样是“流延膜生产线”，能生产的塑料膜类型很多、应用也很广，但工作原理无非都是“流延（Cast Extrusion）”。这种情况，只做一个概括性的“流延膜生产线”的解决方案总介绍当然是合理的，也是行得通的，但我们也可以根据流延膜的材料不同（如 PVC、CPP、PE）或结构不同（如双层、三层、五层、七层），在子类分出更加细化的解决方案，便于对流延膜有不同应用要求的买家选择。

不管是以上哪一种情况，这个解决方案模块的第一要义在于“整体性”。也就是说，不管整个工程看起来多么庞大、复杂，都必须时刻把它当成一个整体来看待。这个项目是以什么形式卖给买家的，你就以什么形式去介绍它。

以加气混凝土生产线为例，这是一个超大型的工程，包括整个厂房的规划和其中所需的所有设备，还包括对各个设备运行和流程衔接的自动化控制系统。虽然整条生产线是由诸多设备、轨道和配件构成的，但我们显然不能直接把数十个构成部分全列在产品列表上，然后对每个部分单独介绍；我们必须先讲清楚整体性的内容，比如是卖加气混凝土生产解决方案的，有多少年经验，每小时最大产量可以达到多少等。确认把这些信息都讲清楚了，再考虑展示生产线上的主要环节和设备，比如原材料准备、湿磨、浇筑、蒸养、脱模等。构成环节也都展示清楚了，我们最后再考虑把每个环节中涉及的那几种能够单卖的大型设备，在对应环节底下展示出来。除非买家点进了对应环节，否则这些设备名称都是不显示在列表上的，以免买家误会我们主要是卖设备和配件，而不是卖整个工程的。

在这一点上，下面这家公司网站的做法就值得参考，直接以布局图的形式来展示整条生产线，点击布局图上对应的部分，即显示这个环节的介绍和相关的设备，既方便买家理解单一环节的作用，又使生产线本身的整体性得以贯彻到每一个页面。如图 5 - 12 所示。

图 5 - 12　AAC plant 主介绍页

（2）系统构成/单机

这里展示的是工程里的主要组成部件或设备。这个模块做或者不做，要和“解决方案”模块的内容一起权衡。最根本的区分原则是，如果这个工程中有许多设备或部件确实是可以单卖的，就有必要展示出来。

如果单买设备/部件的买家群体很多，甚至是重点营销对象，一般就会倾向于把这些设备/部件独立在“解决方案”栏目之外、并列展示。比如卖整个温室工程定制建造的，一般也会单卖通风设备、除湿设备、淋幕系统等，而且“温室（Greenhouses）”和“温室构件（Greenhouse Supplies）”两个栏目各自展示，比如图 5 - 13 所示的这个国外同行。

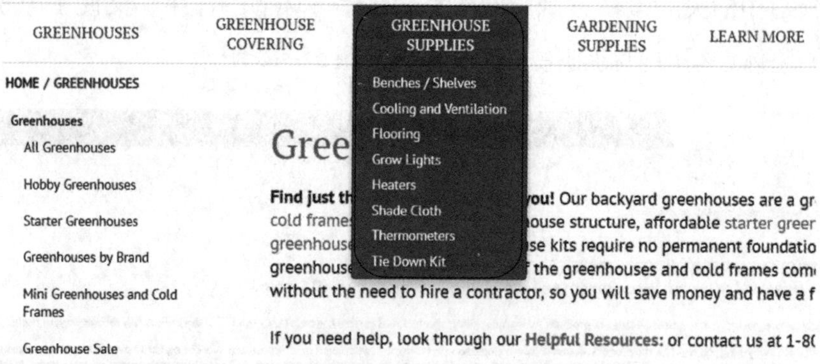

图 5－13　国外某温室工程公司的产品列表

虽然能单卖，但不怎么赚钱，不是重点营销对象，可以合并在“解决方案”的模块里，在底下多展示一个“可选设备”的子栏目即可。

还有一种情况不能忽视，虽然各个构成部分并不能单卖，但这些部分直接决定了最终的系统整体有什么功能、有什么特点，那么也是需要花心思去单独展示的。

比如图 5－14 这家公司，他们的业务就是根据客户要生产的目标产品和技术要求，提供量身定制的全自动装配和检测设备。如果目标产品

图 5－14　国内某设备制造企业的产品目录页

是电动牙刷，那么这个牙刷总共由哪些部件构成，装配过程中需要哪些步骤，要达到什么产量和合格率，都得按不同客户的具体情况制造。

可想而知，这种情况其实并没有任何现成设备可以做“产品”来直接卖。这家公司在产品目录中展示的，只能算是他们曾经做过的设备，作为例子展示给潜在买家看，实际合作时是要重新定制的。这种“定制”虽然看起来自由度非常高，但并不是什么产品都能做。如果只用“自动装配系统（Automated Assembly System）”或“特殊目的设备（Special Purpose Machine，简称 SPM）”这种大而化之的产品词来概括，未免不够精准；做过的例子当然更具体，也可以无穷无尽地列举，但又未免太过分散。如果我们现在要重新设计这家公司的信息架构，除了上面说的两方面外，还需要找到一个更加明确的方式来限定和聚焦产品，那就是设备的构成部分。

实际上，这家公司能做什么定制设备，完全取决于他们可以实现哪些装配/检测的功能模块，比如机器人上料、紧螺丝、黏合、铆接、钻孔、焊锡、超声波焊接、光检等，其中某几个特定的功能模块组合起来，就是一台新的设备。只要目标产品所需的组装和检测步骤都是可以通过这些功能模块实现的，运用有限的模块就可以创造出无限的设备。

图 5 – 15、图 5 – 16 是国外同行，可以看到他们的架构设计各有风格，但都遵循了这个基本思路，通过产品主要种类、已做过的案例、技术模块三个角度来向买家表明“我能做什么”。

（3）案例证明

对于大型工程来说，经验证明尤为重要，因此客户案例栏目往往是必不可少的，而且质与量的要求都比普通产品高。

最简单的选择是做成项目图册（Project Gallery），内容是大量的不同客户的现场照片，项目介绍不一定多，最好在图片旁边解说一下项目

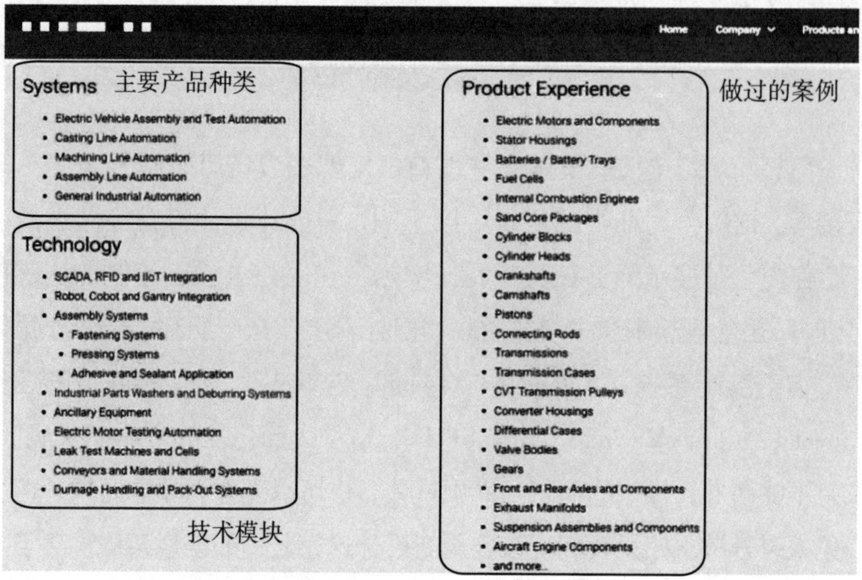

图 5－15　国外公司产品介绍页参考 1

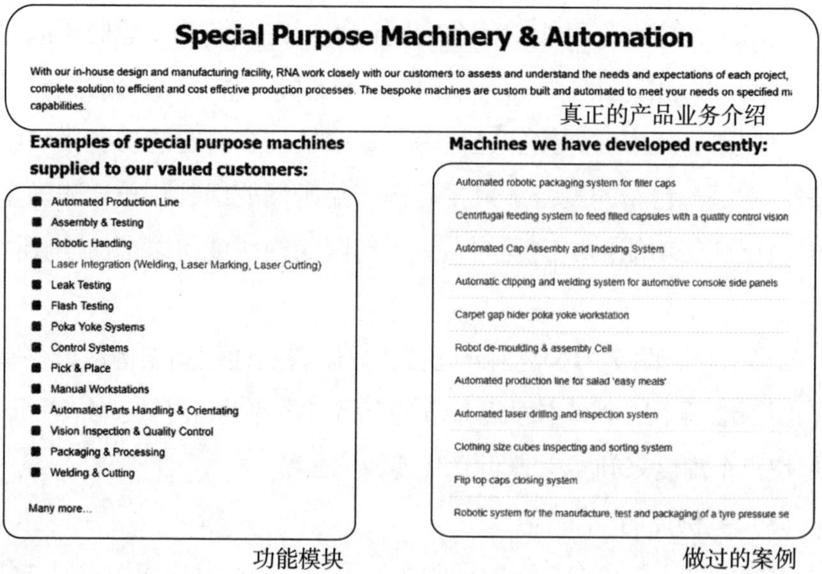

图 5－16　国外公司产品介绍页参考 2

时间、项目类型、客户国家/地区等，以增加可信度。不过，只要条件允许，最好是做详细的案例展示（Case Studies/Success Stories），对每个案例尽可能地讲清楚当时客户的要求是什么、是怎么解决问题的、最后反馈如何，这样不仅大大增强了案例真实感，在介绍案例的过程中，也体现了我们的专业性和为客户解决实际问题的能力。

还有一种做法，就是客户证言（Testimonials）。不同于讲故事型的案例展示，客户证言一般是让之前合作过的客户发表对这个公司或产品的评价。当然，都是溢美之词。为了增加可信度，这种证言需要附上客户名称，最好还有客户合影的照片加以佐证，因此不是所有的公司都有这个条件提供。

（4）服务

定制工程同样对公司的配套服务能力提出了更高的要求。这种工程项目基本不可能是一锤子买卖、钱货两讫就完事儿了，而是一站式一条龙服务，包括售前对定制需求的沟通、方案的确认，售后的现场安装和培训、定期回访等。比如做冷库工程的公司，客户一般只提需求，至于怎么实现需求，从图纸设计到材料采购，从厂房土建到设备安装调试，都是工程公司负责。

对于定制工程，非常有必要单独做一个栏目，把所有的服务环节都介绍清楚。这种栏目不怕啰唆、不怕事无巨细，必须把每一项服务内容都写到实处。它的作用是针对买家可能需要了解的所有问题，集中在这里提前给出答案，既免去后期很多不必要的沟通，又体现出细致、负责的服务态度。

尤其要注意的是，对于自己没有工厂、所有设备和部件都是采购的、只靠自身专业知识和资源整合能力来承包工程的公司，这些服务内容本身才是他们真正的“产品”。在这种情况下，这个服务栏目就等同于前面说的“解决方案”栏目，也更加重要。必要时，我们可以把重要的服务项目单独拆出子栏目来介绍，比如图 5－17 这个做冷库工程的例子。

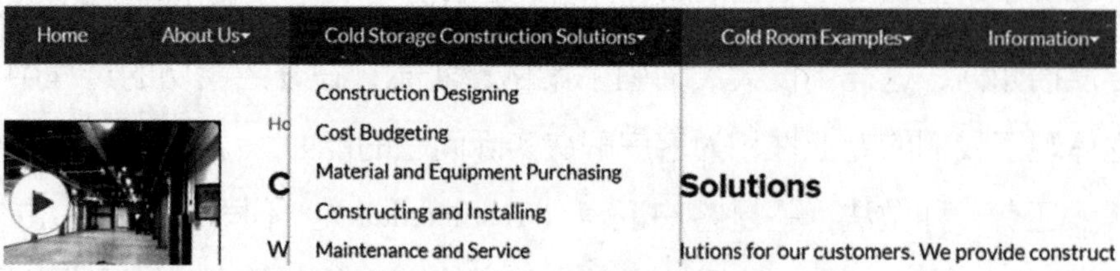

图 5-17　国外某冷库工程公司产品列表

注意事项：

❖“解决方案”先系统性地讲清楚自己是做什么的，再用“案例”展示已经做过的例子作为证明和参考。**前者是抽象的概括，后者是具体的列举**，二者点面结合才能让买家对完全定制的东西真正形成完整的印象，这两个是最重要的、必不可少的模块。

❖工程/生产线/设备，这类产品从整体上看是一个可以打包卖的解决方案，但每个部分又都有独立的功能，甚至是可以单独卖的。既可以卖整套，又可以卖单机，就可以采用“解决方案 + 单机”的方式来做信息架构。即使单机不可以卖，或者部件根本不可以拆分，但它们的功能和优点依然非常重要，甚至直接决定了整个系统最终的作用，有时也有必要一一解析其系统构成。

❖“解决方案”模块中写的内容一般只有两条路，要么是讲整个服务流程，要么是解析系统构成。两个都写在理论上可以，但最好是有所侧重。最常见的情况是“解决方案 + 服务”和“解决方案 + 系统构成”两种组合，二择其一即可。如果解决方案里写的是服务，另一个栏目就解析系统构成，反之亦然。

❖对于规模更大、要求更高的项目，如 EPC 工程承包，需要展示的内容就更加多面，层次也更高。比如健康、安全与环境（HSE/Health, Safety and Environment），企业社会责任（CSR/Corporate Social Responsibility），道德与合规（Ethicsand Compliance），在一些大型工程商的网站上，常常都是作为主要导航栏目来展示的。他们会从国际认证证书、管理层履历、内部反腐败措施、员工职业发展规划、曾参与的社会公益活动等方面，向潜在客户展示自己是多么可靠、可信。如图 5－18 所示。

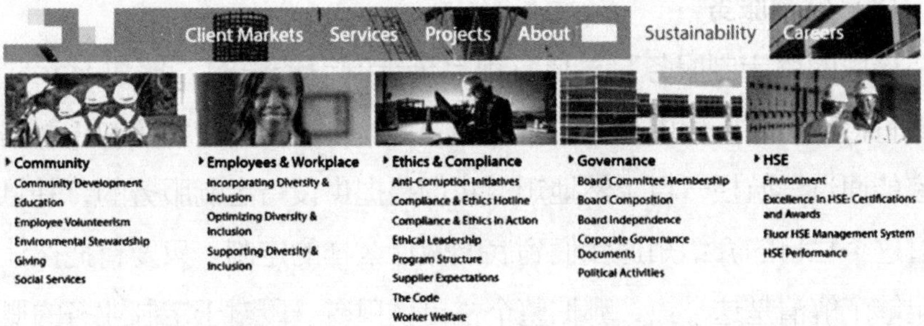

图 5－18　国外某工程公司"可持续发展/Sustainability"栏目细节

2. 半定制的生产线/设备

典型产品： 激光切割机、液压成型设备、美容仪器……

公式总结： 产品列表＋定制服务＋（案例）＋其他。

设计要点：

区别于"完全定制"，这种"半定制"的设备一般是基于现有设备来做调整和改动，并不是从零开始重新设计。大多数情况下，如果设备的可定制程度不高，是不需要在信息架构设计上额外考虑有关"定制"的成分的，只需要在产品介绍和公司介绍里提一下，或者在设备参数表里备注一下就足够了。如果某个设备制造公司在市场定位上就是标准与定制并重的，甚至以提供定制的设备作为区别于同行的卖点，就需要额外下功夫了。

（1）产品列表

"半定制"的设备意味着标准品与定制服务并存，而且现有型号的标准设备因其设计成熟、生产周期短，往往也在实际业务中占不小的比例。针对这部分设备，依然需要以清晰的思路做分类，并进行详细介绍，要详细到买家可以直接下单；即使是对于那些打算购买定制设备的买家来说，现有设备的介绍内容也是重要的参考。这一部分在设计上没有太多特别要考虑的，以标准产品的分类列表来做即可。

（2）定制服务

这里的“定制服务”栏目，和完全定制设备里的“解决方案”栏目颇有相似之处，但内容和要求更加简单。设计它的最大目的，就是让买家能通过导航栏一目了然地知道我们是提供设备定制服务的，并且能通过这个栏目的介绍知道我们到底能做什么样的定制。只要有把握让买家足够了解清楚这一点，哪怕整个栏目就只有一段对于定制业务的概括性介绍，底下展示几个定制案例也是可以的。

如果想描述得更清楚，就可以把这个栏目的内容做得丰富一些，比如定制内容（是否可以在设备功能、尺寸、外观等方面进行特殊定制，是否提供 OEM/ODM 服务，是否支持来样定制，等等），工厂制造实力展示，服务于哪些行业，可选的功能模块，做过的定制案例，大致的定制流程和服务，等等。

（3）案例

如果客户的定制要求比较复杂，或者定制的技术难度比较高，可以考虑单独把案例栏目列出来做。

不过这里介绍的案例，虽然建议以定制设备为主，却不一定要求必须是定制设备。只要展示目的明确，不同的案例可以有不同的侧重点，比如买家 A 是和我们合作数十年的老客户，买家 B 采购一次之后又回购了大批量的设备，买家 C 是某国的知名品牌，等等。

注意事项：

❖“定制服务”不一定非要体现在导航栏上。如果素材不够，撑不起一个大的定制栏目，或者导航栏本身已经很复杂，没有必要再增加这个栏目，可以把它挪到产品列表里。这种情况就是把“定制产品”理解为区别于标准产品的一个产品类别，和其他产品类别并列在一起。如表 5－4 所示。

表 5－4　产品列表

产品列表	企业介绍	……
光纤激光切板机 －101 型 －102 型 光纤激光切管机 －103 型 －104 型 定制光纤激光切割机	……	……

❖ “定制服务”还有一个变化型是“OEM/ODM 服务”，适合专门想强调此类业务的工厂。区别于一般“定制服务”栏目的是，在“OEM/ODM 服务”栏目的介绍里，工厂的制造能力或设计能力往往是一定要强调的重点，此时买家的采购需求是大批量的、长期的，买的是工厂的代加工服务，而不是一两台有特殊功能的设备。

3. 定制小型产品

典型产品：木质礼品盒、塑料包装袋、真皮皮具、陶瓷餐具、减速机、电位器……

公式总结：定制产品 + 库存产品 + 实力展示 + 产品画廊/定制案例 + 其他。

设计要点：

产品越小，分类和细节越是烦琐，定制灵活性也越高，从零开始设计制造毫不稀奇。这类产品无论是在架构设计上还是内容撰写上，都比大型设备要难得多。由于分类多，要考虑的数据面也就更广；由于定制自由度大，对定制业务内容的介绍就必须考虑更多角度。

（1）定制产品

这是对核心业务的介绍，是重中之重的栏目。它的作用和完全定制工程的“解决方案”栏目是一样的，而且其介绍内容往往要求更加细致。

为了方便买家浏览和理解，笔者推荐在导航栏上把这个栏目的名称直接写成行业词或产品词，比如“定制木盒（Custom Wood Boxes）”“软包装解决方案（Flexible Packaging Solution）”“定制皮带/皮包（Bespoke Belts/Bags）”等，如表5-5所示。

表5-5 定制为主

定制皮带（Bespoke Belts）	定制皮包（Bespoke Bags）	画廊（Gallery）
压纹皮带（Embossed Leather Belt） 镂空皮带（Leather Cut Out Belt） 手工编织皮带（Handmade Leather Braided Belt） 铆钉皮带（Studded Leather Belt） 绣花皮带（Embroidered Leather Belt） 车缝皮带（Leather Stitched Belt） 懒人皮带（Elastic Belt, Stretch Belt） 拼色皮带（Patchwork Belt）	钱包（Wallets） 单肩包（Shoulder Bags） 手包（Handbags） 妈咪包（Diaper Bags） 腰包（Fanny Pack） 背包（Backpacks） 化妆包（Makeup Bags） 其他包（Other Bags）	……

如果想在导航栏上保留指向性更强的“Products”一词，也可以把产品词用广告语、产品页标题等其他方式来强调。还有一种方式是，虽然导航栏名称依然用“Products”，但下面列出具体的产品类别，然后在这些产品类别名称中加上“Custom”或“Bespoke”去体现“定制”。

至于定制栏目的内容，自由度就更高了，完全取决于这类产品的特点和买家关心的问题。唯一要注意的是，这里的产品介绍都属于对某一类，而不是对某一个产品做介绍，所以介绍时往往要从这家公司的优势出发，去证明这家公司在这类产品的制造上是靠谱的，并非只是某一个、某一款产品多么好。

（2）库存产品

我们可以看到，为了突出“定制”的重要性，并更有针对性地引导买家去选择定制产品，表5－5在结构设计上直接把定制栏目做成了产品列表的形式，便于对每一小类的产品优势都做更加具体的介绍。但对于那些除了提供定制服务之外，也卖库存标准产品的公司，则没有必要像表5－5在“定制”上花费这么多的精力。我们可以同时设计“定制产品”和“库存产品”两个栏目来讲清楚自己的业务，即最基础的“概括＋列举”模式，如表5－6所示。

表5－6　标准与定制并重

定制产品 (Bespoke Leather Goods)	**库存产品** (Stocked Products)
定制皮带（Bespoke Leather Belts） 定制皮包（Bespoke Leather Bags）	皮带（Belts） 压纹皮带（Embossed Leather Belt） －复古压纹皮带（Vintage embossed leather belt） －西部牛仔风皮带（Western leather belt） 车缝皮带（Leather Stitched Belt） －意大利车缝皮带（Italian cable stitched leather belt） 铆钉皮带（Leather Studded Belt） －复古铆钉皮带（Antiquated studded leather belt） …… 皮包（Bags） 钱包（Wallet） －仿蛇皮钱包（Leather faux snakeskin wallet） －女士真皮手拿包（Women’s leather clutch bag） 手提包（Handbag） －手提斜挎皮包（Leather handle crossbody bag） －真皮公文包（Leather briefcase） ……

我们精简了“定制产品”栏目的层次，相应地，在这方面的介绍内容就可以更简洁和集中一些。在“定制皮带”和“定制皮包”两个页面各自讲清楚对这类产品的制造经验和优势、如何定制等信息即可。但对于“库存产品”栏目，这里罗列的产品都是买家可以直接下单购

买的标准品，页面层次就需要精确到每一款单品，且需要对这些单品都做具体的、特点鲜明的产品介绍。换句话说，这个栏目要能独力承担一个零售网站的基本展示功能，即使买家根本不看“定制产品”页面的内容，也可以只通过“库存产品”的展示和介绍，直接决定自己要选择哪款产品。

（3）实力展示

一般来说，越是大型的设备，它的制造工厂越简单，甚至可能只是把众多零件装配到一起；越是小的、精巧的产品，它的制造工厂就越是需要非常多的设备且涉及非常多的加工工序，因此也更需要展示加工制造实力。

不过其中有一类特殊的小产品，即玩偶、餐具等带有装饰性的消费品。这类产品在网站设计时必须考虑美感、人文情怀等“软”的成分，但制造过程的展示并不都是“美”的，或者说有些产品的制造过程确实远不如它本身来得“美”，所以一般并不要求事无巨细地展示它的制造过程。如果要做这个栏目，必须更有设计感和侧重点，比如挑几个人工环节的细节照片来体现“工匠精神”，或者是几个比同行做得更细致的环节来体现质量可靠，等等。

（4）产品画廊

该栏目就是样品大图集，一个页面里摆出许多产品图片，配上必要的产品名称即可，唯一要义是这里展示的产品图片一定要多，而且类型要丰富，一打开就给人品类繁多的感觉。

它的作用和“库存产品”有相似之处，就是可以展示自己已经做过许多不同类型的产品、证明制造经验丰富，同时也能丰富网站中的产品种类和数据量。二者最大的区别是，“库存产品”里列的产品就是可以直接卖的，而“产品画廊”里的产品真的是以展示为主，买家大概率不会要这个现成的产品，而是有新的定制要求。

因此，视定制程度不同，“产品画廊”栏目和“库存产品”栏目二择其一即可。当直接买标准品的情况比较多的时候，就必须做“库存产品”栏目以方便买家选购；而当定制的情况更多的时候，就可以用“产品画廊”来替代“库存产品”做展示。

还有一种情况，就是虽然库存标准品卖得多，但还有许多以前帮客户定制过的、造型比较特殊或技术比较难的产品，虽然不能拿出来卖，但也有必要展示。对于这种情况，我们可以把“样品画廊”做成“定制产品”下的一个子栏目，或者直接加在定制页面底下。这样设计的用意是，需要在整体架构上把关于“定制”和“库存”两个部分划分开，每个部分各自相对完整，以方便这两个不同的买家群体了解自己关心的内容。

4. 定制加工

典型产品：CNC 加工、注塑件、模具加工、挤塑型材……

公式总结：加工服务 + 设备 + 原材料 + 样品/案例 + 服务行业。

设计要点：

“定制加工”类型的公司，实际上就可以看作是没有任何固定产品，而是提供服务的，即“代加工”服务的公司。这些做加工的公司，很容易因为某一类业务做得最多，就直接在网站广告语上写自己就是卖这个的。但是凭借他们拥有的经验和资源，能做的产品类型和范围其实是非常可观的，尤其是在接触到来自世界各地、有着更多不同需求的客户之后，产品范围只会越来越广。因此，把整个架构设计的焦点错放到某一类具体的产品上，这是一定要避免的误区。如果一开始就把定位弄错了，势必错过许多原本属于自己的机会。

（1）加工服务

这是这家公司的真正业务，是整个网站架构的核心。想象一个买家进入这个网站后，是否可以只通过“加工服务”这个页面，就迅速了解你到底是做什么的？想要做到这一点，我们至少需要做以下两件事：

第一，要找到能够准确描述这项业务的行业词，并在 Google 上验证正确。这些加工业务的名称和产品名称一样重要，而且大多是固定的专业词，比如定制铝型材（Custom Aluminum Extrusion）、注塑件（Plastic Injection Molding），都是在 Google 上一搜就出现很多的。

第二，我们需要考虑一个更复杂的情况，就是一个公司能提供的加工服务往往不止一项，或者说这一项加工服务是由很多项小服务组成的。比如生产注塑件的公司，除了拥有大量的注塑设备，还具备设计和制造注塑件模具的能力，给注塑成型的产品做精加工、表面喷涂的能力，还可以提供 OEM/ODM 服务等。这要求我们对“注塑加工服务”的内涵做出更深的挖掘，而不能止步于“Plastic Injection Molding Service”这一个词。

比如图 5-19 至图 5-21 三家国外同行，同样是做注塑件的，但侧重点明显不同。

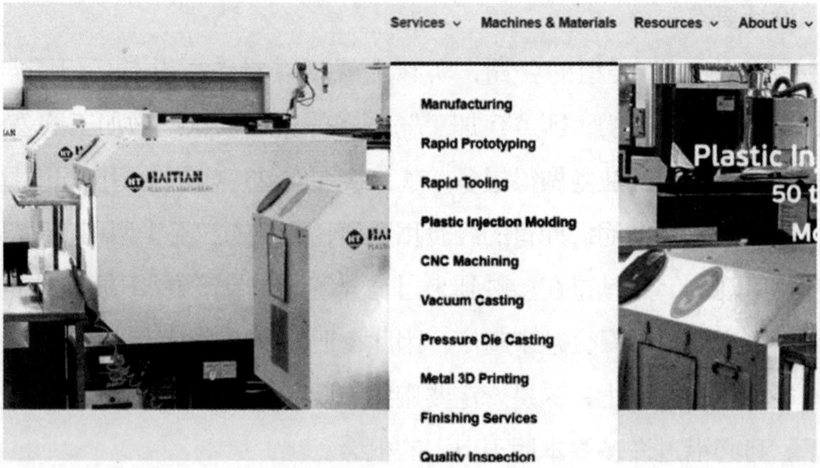

图 5-19　国外网站导航栏参考 1

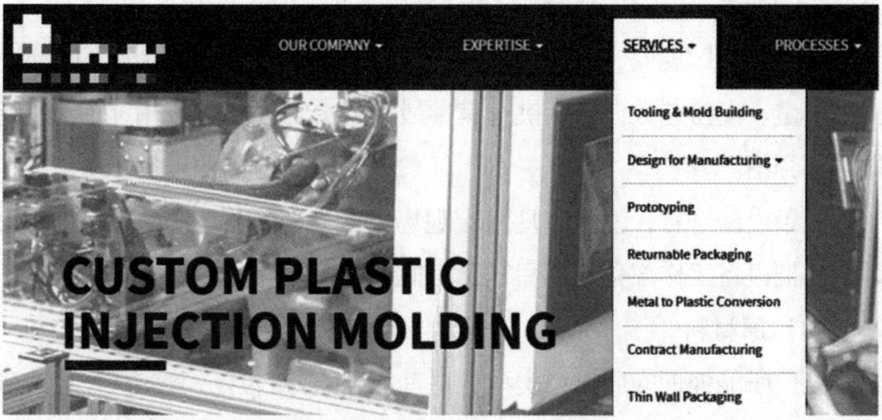

图 5－20　国外网站导航栏参考 2

图 5－21　国外网站导航栏参考 3

（2）设备

工厂所配备的加工设备，直接决定了他们的加工能力，因此必须向买家展示。根据工厂规模和设备先进程度不同，展示方式大致包括以下两种：

❖如果工厂规模很大、设备数量多、类型齐全，可以直接用一个页面做“设备清单”，列出所有设备的名称、数量、品牌和型号即可，一个长长的列表足以给人视觉冲击感。

❖如果工厂规模一般，就不要自曝其短，页面介绍只需要概括地说一下产量、设备总数，然后挑选其中最重要、技术相对先进的几台设备做详细介绍。

如果设备好看，就多拍几张宏观场景图片；如果设备已经很旧了，就专门拍设备工作部分的特写，避免拍到设备外观。

(3) 原材料

工厂所能处理的原材料类型，是其加工能力的另一个方面。尤其是专门以某些特殊材料的加工为主要业务的工厂，这些特殊材料的性能就是买家选择你的原因之一。这种情况下，完全可以在导航上列出一个 Materials 的栏目，列出所有自己能加工的材料类型，再对每种材料的特点、适用领域、加工方式做专业的介绍。有时 Products 栏目就是按照原材料类型来分的，比如一些做铸件的工厂，其分类就是灰铸铁件、铸钢件、高铬铸铁件等。

另一种情况是，工厂的加工服务对原材料类型并没有什么限制，像定制螺丝螺母，从各种金属到非金属都可以加工。那么，就没有必要给每种材料都单独做页面介绍，只做简单罗列也没有关系。

(4) 样品/案例

前三个栏目都是在说“我能做什么”，唯独这个栏目要证明“我做过什么”，要让买家直观地感受到你的经验和可靠。

如果已做过的案例中没有技术优势、值得大说特说的，就用大量的样品图片展示来营造“我做过很多”的观感，而不必做太多文字解说；如果确实有很好的案例或样品，就从合作过程、技术难点、解决方法、客户反馈等方面细致介绍。

(5) 服务行业

一般来说，定制加工型的公司能服务的对象非常广泛，常常涵盖小半个工业领域。通过“服务行业”栏目对潜在客户做分类，然后再针对其加工需求来介绍自己的技术优势和加工能力，能更有效地激起对方的兴趣，引导对方联系你。

这个栏目可以和“样品/案例”栏目结合起来做，效果将事半功倍。具体的做法是，在每个行业的介绍内容下，直接展示自己为这个行业做过的样品，必要时，还可以添加跳转链接，引导客户查看详情。

四、非产品栏目设计

解决完产品栏目的问题，非产品栏目的设计就比较容易了。要介绍清楚一类产品，常常需要从同一主题、不同角度设计两三个栏目来相互补充，既要考虑部分，又要考虑整体，牵一发而动全身。至于非产品栏目，如公司简介、工厂展示、行业资讯、应用展示、客户案例等，这些栏目之间大都是相对独立的，只需要根据这家公司的实际情况来选择和增减就好了。

非产品栏目做得出色，有利于证明公司的综合实力。当买家对产品已经有一定的认可之后，往往会看公司简介和其他非产品栏目，并在这里初步判断这家公司可不可靠、值不值得继续联系。因此，设计非产品栏目时也要求精，尽可能扬长避短，有把握做好的栏目才往网站上摆放。切忌在导航上堆砌很多栏目，但每一个都证明不了什么，几乎相当于明晃晃地告诉买家：“我真的没什么优势可说了，别考虑我了。”

至于考虑一个非产品栏目到底有没有必要做，只有以下三个标准，缺一不可：

- **买家是不是非常关心这个方面，是不是能证明公司的实力？**
- **公司自身在这方面是不是具有优势和竞争力？**

❖**手上是否有足够的素材和证据，能撑得起一个栏目的介绍内容，并具有一定的说服力？**

1. 公司简介

除非极其特殊的情况，这是必须放的栏目。一篇对公司基本情况的介绍，一张清晰、真实的公司外景/大门照片，这也是必须有的。除此之外，还有一些可以灵活处理的地方，我们可以分大公司和小公司两种情况来考虑，具体内容如下：

（1）如果是小公司，可以把公司各方面的情况介绍都整合在“公司简介”这一个页面里解决，甚至都不需要再额外做其他的非产品栏目，越是小公司越是如此。这种情况下，公司真正值得拿出来说的优势是非常有限的，如果还分散在不同的栏目里，就显得更加没有重点了。

比较有用又容易操作的办法是，把公司简介的页面内容分割成一个个小模块，分别专门介绍公司的某一个方面，如生产实力、质量检验、行业经验等，每个模块不需要很多内容，哪怕页面上呈现出来的就几行字、一张图片也可以。最终做出来会显得内容丰富、简明扼要，排版也紧凑漂亮。如图 5－22、图 5－23 所示。

（2）如果是大公司，就可以在“公司简介”这个大栏目下，再细分出很多子栏目，分别介绍自己的优势，比如生产实力、研发实力、合作伙伴、全球代理商分布、客户合影等。具体放什么子栏目也是很自由的，只有确实是有内容、有证据、买家也关心的，都可以往上放。如果是特别重要的优势，也可以单独拿出来放到导航栏上做一个大栏目来介绍。

图 5－22　某公司网站 About us 内容排版参考 1

2. 工厂展示

做这个栏目可能有三种目的，对应地，也有以下三种不同侧重点的展示方式：

第一，自己有大工厂的，可以展示生产规模，证明供货能力。这种情况的展示重点在于规模，所以照片比文字重要，而且照片要有一定的视觉冲击力，最好是场面宏观的车间内部全景图。

第二，工厂未必很大，但是产品比较精细的，则适合重点展示生产时的质量细节，证明产品品质是有保证的。可以选择生产过程中相对重

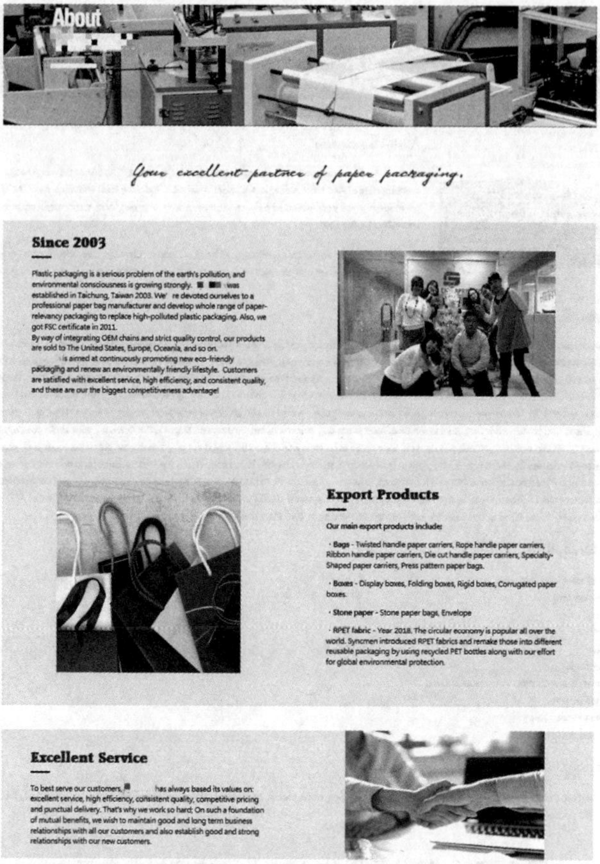

图 5－23　某公司网站 About us 内容排版参考 2

要的、对质量有决定性影响的几个环节，拍摄其正在生产的照片。不过这时就不能光靠图片了，还需要专业的文字解说，配合图片一起告诉买家，这个环节是什么、工艺关键在哪里，而我们又是怎么做的，最终对产品质量会产生什么影响。

第三，工厂本身其实条件一般，但自己控制生产的，依然可以考虑单独做工厂展示栏目，不过主要目的不是为了证明工厂的实力，而是增强这家公司的真实感，让买家更愿意联系。这时，既要使用真实的照片来体现可信度，又要扬长避短，不让买家直接看到工厂不好的那一面，选择照片时就需要一些技巧。如果工厂条件不错，宏观场景照片和局部特写照片都可以使用；如果工厂条件一般，可以全部使用局部特写照片，专门拍设备或工人正在进行某个操作时的细节，并适当使背景模糊。同样，这种情况最好多配上几句文字解说，即使在工艺和设备上没有优势，也可以重点介绍在质量把控上的细致态度。如图 5－24 所示。

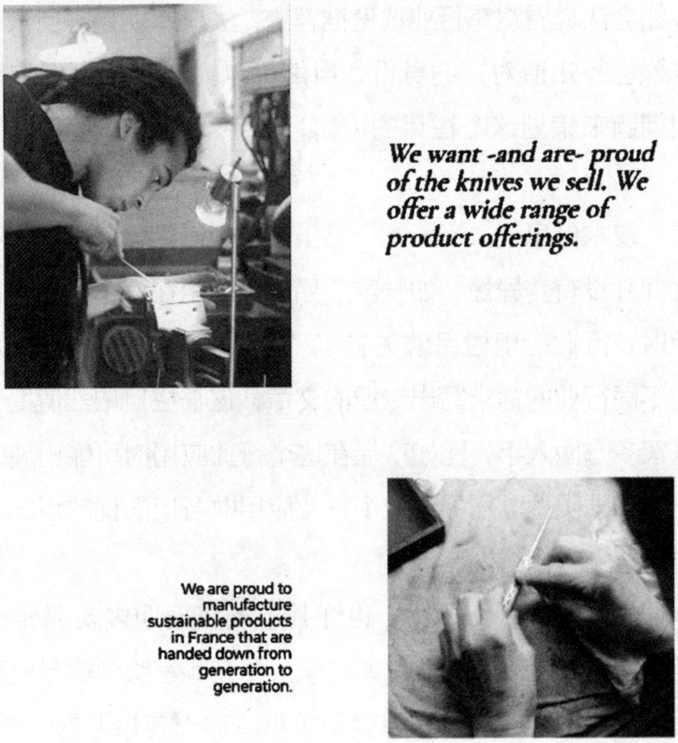

图 5－24　法国某刀具公司网站 The Workshop 栏目参考（仅部分截图）

3. 行业应用

行业应用栏目，实际上就是以应用为分类依据，把各类产品重新索引和介绍。这是一个使用起来非常灵活的栏目，至少有以下两种常见的做法：

第一，选型推荐型。当一类产品有很多不同的款式和型号，且分别适用于不同的行业时，推荐采用这种方式。即单独列出常见的各种应用行业，并针对不同行业买家的需求，向对方推荐最适合的产品。

这样做有两个目的：一是帮助买家节省比对和筛选的时间，更有效地引导对方进行采购；二是在这种针对性极强的介绍中体现自己的专业和经验，做进一步的自我营销。因为这种做法相当于已经把买家群体做了细分，如会认真看汽车行业选型推荐的，大概率就是来自汽车行业的买家。既然已经知道对方的身份，自然可以完全基于他们的需求、喜好、常见问题来策划这个栏目的内容，对症下药，争取获得更高的转化率。

第二，技术信息型。当一类产品虽然应用很广，但应用在不同行业的产品之间并没有差异性，如一款产品既可以用在汽车行业，也能用在其他行业时，行业应用栏目就失去了“选型推荐”的作用。如果你有能力针对不同行业的需求写出专业的文章，这个栏目依然值得一做。内容可以从很多方面入手，比如产品在这个行业应用时可能出现的问题和应对方法，不同类型的产品在这个行业应用时各自的优缺点比较，其他一切可能对买家有用的内容。

对这种内容的策划和撰写，也许并不能在短期内实现转化率的提升，却能获得更长远的利益。比如这家公司在买家眼中的专业形象，更多更优质的外部链接，网站的流量和权重。对于有余力的、考虑长远、注重品牌的大公司，这些更加重要。

4. 客户案例

专门拿出一个栏目来做客户案例展示，这几乎是所有定制产品的必选项，包括大到做定制工程的，小到做定制螺丝的。因为定制品本身就是“没有固定成品”，那么客户案例就成了他们“做过的产品”，是未来买家判断这家公司是否值得合作的重要参考。当然，做标准品的公司如果平时有注意积累这方面的素材，也可以展示自己的案例资源，但不像定制品在案例展示方面这么刚需。

针对买家可能关心的参考价值所在，做客户案例栏目设计时有以下三种不同的方向：

第一，选择几个典型案例，每个案例都以讲故事的方式呈现，故事的每个细节都体现公司的综合实力。比如 A 客户一开始提了多么难以满足的要求，公司人员在质量、研发等方面通过努力最终达到了该要求；和 B 客户的合作过程中出现了什么波折，公司又是如何坚守承诺和信誉，并赢得了客户的长期信任和更多的订单；C 客户原本只是试购了几百个产品，结果质量超出对方预期，没过多久又连续大量回购，直到现在成为稳定的大客户……每个案例都描述得平实真诚，配上公司人员在客户现场为其服务或与客户合影的照片，甚至附上客户的反馈和感谢话语。一个案例介绍完，从公司实力、信誉到产品质量都有了鲜明生动的体现。如图 5－25、图 5－26 所示。

这种写案例的方法尤其适用于小公司，因为只需要挑几个案例做精做细就行了，可以完美避开在小公司案例数量、合作品牌影响力等方面的弱点。当然，如果你本来就有能力做很多个优秀的案例，那就多多益善。

第二，展示大量的、不同时间、来自不同行业和不同国家的买家购买我们不同产品的案例，证明公司是非常有经验的，产品品质是经过市场验证的。这种做案例的方式重点在于案例数量要多，不要求每个案例的内容都要很全、很细，甚至可以在一个页面里展示完所有案例。不过，最基本的证明案例真实性的内容还是要有的，最低配置是一张客户现场照片，然后把合作时间、客户名称、所购产品名称备注在照片下面，否则可信度会大大降低。如果客户名称不方便公开，只写来自哪个国家/地区和行业也没有问题。如图 5－27 所示。

第三，展示合作中品牌影响力最大的客户。如果你手上有这种王牌，案例数量和案例内容都只是锦上添花，只要先保证把这些大品牌和合作案例展示清楚，并体现出一定的可信度就可以了。至少，只在首页

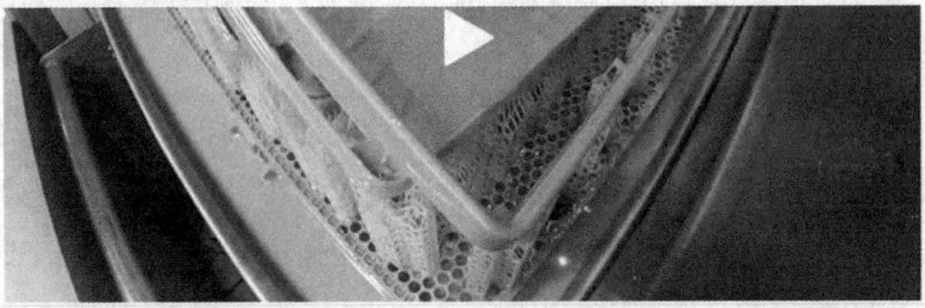

[redacted] is a leading manufacturer of enclosures for tablets, offering highly configurable and customizable solutions. With over twenty years of experience in the point-of-sale (POS) industry, [redacted] combines its industry knowledge with an agile design-to-production workflow to answer the growing need for quality-made, uniquely branded POS stands and enclosures.

CHALLENGE

Design, approve, mold, and produce a final product in under two months.

SOLUTION

3D Systems' [redacted] 7000 HD printer and materials to fast-track design communication and pre-production process.

RESULTS

- Fully-functional prototype presented and approved in two weeks;
- Tool manufacturing and post-operation accelerated by accuracy of prototype;
- Jump-start on packaging design;
- Clear material enables faster discussion and optimization of design questions.

A key technology within [redacted]s process is 3D Systems' stereolithography (SLA): specifically, the [redacted] 7000 HD 3D printer. As project timelines at the company continue to shrink, the applications for this machine have expanded. [redacted] is using its ProJet 7000 throughout pre-production for everything from proof of concept, to final concept, to mold and tooling set up, to packaging. One major reason for this is speed. "We absolutely love how fast it is," says Quentin Forbes, VP Engineering at [redacted].

But speed isn't the only thing. The transparency of [redacted] material improves communication, both between departments at [redacted] as well as with the end-customer. Additionally, the surface finish and accuracy of 3D Systems' SLA prints enable them to inform tooling, increasing confidence in investment and accelerating timelines.

[redacted] was given the opportunity to test its

图 5－25　某 3D 打印公司网站的客户案例参考 1（仅部分截图）

（注意左侧的“挑战、解决方案、结果”）

上放一排合作品牌的 logo 是不够的，总得大概介绍一下合作经过、配上品牌公司来厂考察/签约的照片等。如果你遇到的情况不幸又是不能公

At a Glance

The Challenge	Technologies Used	Solution
[redacted], is a technology company that enables pharmaceutical companies, academic researchers, and more to mix chemicals more efficiently. They needed to create various components for their liquid extraction and separator platforms.	[redacted] used Xometry's capabilities for precision manufacturing of stainless steel 316L and aluminum 6061-T6 machined and sheet metal components.	[redacted] has worked with [redacted] for 4 years to create device main body housings and connecting components that are reliable and cost-effective. These are manufactured with tight tolerances and specific requirements that make the parts chemically inert, nonporous, and easily assembled and cleaned.

Going with the Flow: Pharmaceutical Innovation

As a leader in flow technology, [redacted]) is changing the game for pharmaceutical companies on five continents including well-known industry giants. Flow technology is a growing production method used in the manufacturing of pharmaceuticals, providing more efficient and robust operations over the traditional batch production method.

In the industry's standard batch production method, discrete amounts of chemical material are processed while in flow technology, reagents are continuously pumped and deployed as they travel through the system. [redacted] provides a unique solution for process steps that require separation of liquids (immiscible phases). The technology commercialized by Zaiput was developed by Andrea Adamo, CEO and founder, while he was working at MIT in the department of chemical engineering.

With the help of quickly sourced, medical-grade custom parts from Xometry, [redacted] has created a product that helps pharmaceutical companies reach ideal extraction efficiency. This means these companies can improve their chemical processes, reduce chemical waste, and bring products to market cost-effectively.

Creating High Quality, Medical-Grade Parts With Xometry

Senior Design Engineer at Zaiput, Robert Butters, utilizes Xometry's CNC machining services to create [redacted] extraction separator housing for its 3 major product lines. In its multi-stage extraction platform product, the housing (orange hardware components pictured below) combines advanced aesthetic design with the mechanical properties of Aluminum 6061. Xometry meets several manufacturing specifications to allow [redacted] to ensure a precise assembly, eliminate device error like chemical leakage, and easy cleaning per FDA standards.

图 5 - 26　某 3D 打印公司网站的客户案例参考 2（仅部分截图）

（注意最上方的“挑战、所用技术、解决方案”）

开客户名称的，就只能回到第一条路，在案例开头里写“某个国际知名品牌”，然后在介绍合作细节上下功夫。

网站架构设计是整个网站营销策划工作中最耗费精力的部分，也是最考验策划人员综合分析能力的部分，更是对网站最终能否实现预期的

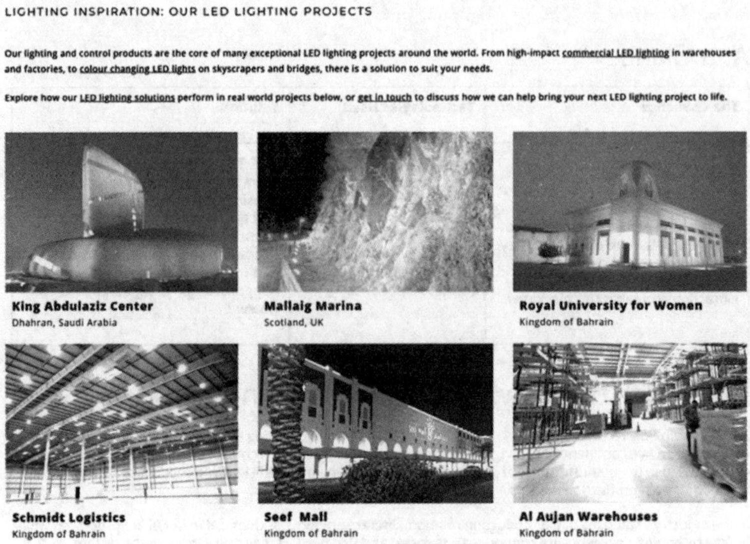

图 5－27　某 LED 工程公司网站的案例展示参考（仅部分截图）

营销广告效果起着决定性作用。策划人员在这个阶段既要保持面对诸多细节问题时的耐心和一丝不苟，也要有一定的创新和探索精神。

笔者只能尽己所能列举各种常见的情况和做法，但鼓励大家多多开创新的思路，多多关注国内外各大网站的做法。互联网原本就是日新月异、速生速朽的行业，对新概念、新创意的迅速学习永远比过往经验重要。

第六章

如何撰写广告内容

广告内容是整个广告网站的血肉。每个广告页面上出现的每一句话，都将是你的买家直接看到的内容，我们通过这些内容来引导他、劝说他购买产品，他也通过这些内容来判断我们是否专业、是否可信。

这个过程和面对面销售产品没有任何区别，页面上的广告内容相当于你要跟买家说的话，广告做到国际互联网上就相当于一个业务员在向全球买家介绍产品。但国际互联网广告中更为致命的一点是，这是一种单向的、远程的广告，买家与你远隔重洋，就靠着几段文字、几张图片了解你的产品。这种广告方式虽然具有其他任何方式都无法比拟的便捷性，但也有一个必须克服的挑战，那就是信任问题。

如何让几张图片、几段文字就能打动与你素不相识的买家，让他对你的产品产生兴趣、对你的企业产生信任感，这是直接影响广告效果的重中之重。

可以说，当买家点进页面之后，他会不会愿意往下看、会不会点开其他页面继续看，以至最终会不会给你发送询盘，完全取决于广告内容的优劣。谁能通过广告内容解决信任问题，谁就能成为国际互联网广告的赢家。

优质的广告内容应当有资深业务员的功力，字里行间凸显着自己的专业、真诚、逻辑清晰、富有经验，让买家看完之后就产生购买产品的欲望。因此，这一章的内容旨在引导和帮助内容创作人员，对专业的产品进行言之有物、深入浅出的介绍，尤其是要着力避免目前国内制造业网站广泛存在的三大问题：专业到极其难看懂，描述优美却模糊空洞，无话可说。

要解决这些问题有两条路径：一是专门负责内容创作的人员需要学习产品知识并写出更有内涵的介绍；二是懂产品的人也可以充分利用自己的优势，只要了解一些基本的内容创作方法，就能写出平实、专业、直击买家的优秀内容，很可能相比专业文案人员也毫不逊色。

此刻，作为广告撰写人，我们需要先成为买家，再成为这个产品的业务员，以产品买家的思维方式和产品业务员的自我要求来编写广告内容。

一、优质原创内容的重要性

从搜索引擎的角度来说，原创的、优质的广告内容，是一个网站的生存根本。但这个看起来实在太过浅显的事实，在过去的很长时间里，一直没有得到足够的重视。

在搜索引擎还远不像今天这么成熟和智能的时候，无数站长利用其算法规则，在网页上堆积大量没有价值的热门关键词来提高相关度，建设大量毫无意义的外部链接来提高权重，甚至利用软件直接生成许多连语句都念不通的文章。这些作弊手段能轻易制造无数的垃圾网站，而且常能获得不错的排名，以至于如何欺骗搜索引擎曾一度成为整个网站制作的主题，不多堆积一些关键词就好像不会做网站一样。认真做网站的人也许一两年也看不到明显的收益，而利用规则的黑帽 SEO 却能迅速赚到快钱。

但这个时代毕竟已经过去了。从历史发展的趋势看，黑帽 SEO 的式微乃至消亡，可以说是必然的。我们必须毫无侥幸地认识到，任何搜索引擎公司都一定会把用户的搜索体验放在第一位，如果用户认为搜索结果对他没有帮助，这个搜索引擎就对他失去了价值，而更换搜索引擎几乎是没有变动成本的。搜索结果中的垃圾内容会直接导致搜索引擎的用户流失，这是动人家饭碗的问题，因此我们能看到 Google 对于各种作弊行为的态度是如此坚决，只要有了不会伤及无辜的算法，就会毫不留情地出手。

2011 年 2 月，Google 推出熊猫算法，专门针对搜索结果中的低质量页面进行打击。2012 年 4 月，Google 继续推出企鹅算法，这次专门打击的则是作弊链接和低质量链接。中文搜索界也紧随其后，2013 年 2 月和 5 月，百度分别推出绿萝算法和石榴算法，打击参与链接买卖的网站和低质量网页。这一连串的举动，直接颠覆了 SEO 业界的游戏规则。

在过去，只要在标题、锚文字、Keywords 标签、正文等位置提高关键词的频次和密度，就能直接提高网页的相关性和排名；现在则没有效果，搜索引擎的算法中不仅直接取消了 Keywords 标签的作用，对于明显堆砌关键词的页面还会给予排名下降，甚至不予收录的惩罚。

在过去，抄袭其他网站的文章，改一改语句顺序或添加几个词，就能当作“伪原创”作品放在自己的网站上；现在的搜索引擎则通过精细的指纹算法判断重复页面，“伪原创”无处容身，无论抄袭多少文章，搜索引擎都只会挑出最优的一个版本放在前面，对大量抄袭的网站同样进行毫不留情的惩罚。

在过去，许多站长通过友情链接、以利益换链接，甚至黑链等欺骗手段，为自己的网站建设大量的外链[①]，就可以提高网站权重获得好排名；现在的搜索引擎不仅降低了链接在算法中的比例，对外链的质量也越来越挑剔，对低质量链接和买卖链接行为进行极为严厉的打击，而站长们也越来越不愿意外链到其他网站。除了依靠内容和创意来吸引优质链接，现在几乎已经不存在安全的、建设外链的做法了。

以上种种看似翻天覆地的变化，唯一不会威胁到的，就是那些认真做网站、提供原创优质内容的人。一方面，只要紧扣主题进行写作，文章中自然就会包括重要的关键词，保证相关性；另一方面，当自己拥有高价值的内容，就更有可能吸引到优质的外部链接，提高权威性。更重要的是，无论搜索引擎的算法怎么改变，哪怕有一天关键词或外链数再也不会对排名造成任何影响，其目的也永远都是“为用户提供有价值的信息”。所以，只要你自己本身是有价值的，搜索引擎就自然会偏向你、选择你。

透过现象看本质。搜索引擎的算法规则是复杂多变的，我们没有必

① 外链，即从其他网站指向目标网站的链接，建设外链的作用是提高网站的权重。原理是，搜索引擎在经历过关键词堆砌的问题后，认为不能光看“网站自己怎么说”，还要看“别人怎么评价”。如果某个网页被大量引用，或者被本身就很权威的网站引用，搜索引擎会倾向于认为它是更有价值的。

要也不可能完全弄懂，但搜索引擎的商业利益是永恒不变的，我们必须时刻保持清醒。当你一直尊重并依从搜索引擎的目的，就已经立于不败之地；当你不尊重搜索引擎的目的，只是利用搜索引擎的某个规则，那么只要这个规则有所改变，你就很可能一败涂地。

也许，在过去的十多年中，业界对网站原创内容的态度和能力都是一片混沌的，习惯于通过转载和低价值重复来快速生产内容，而每每准备要写些什么，却总觉得实在没什么可写。现在和未来，原创内容将是一个网站最终的制胜关键，也是最基本的生存条件。这值得我们付出比以往研究关键词更多的努力，以达到目标。

二、 产品营销内容的要求

营销产品的方式可能是千变万化的，但目的始终是明确而简单的——作为互联网广告，我们的内容首先要让找产品的买家点进来之后，第一时间能确定这就是他想要的产品。然后，我们要通过图文并茂、有理有据的广告内容进一步引起对方的兴趣，促使对方最终决定购买。

1. 基础内容要展示清楚

基础内容，在这里是指买家要买某个产品时必须了解的内容，如果这些内容缺失了，买家就会对产品产生担心。比如你买衣服时必须知道衣服的尺寸和实际穿着效果，你买电脑时必须知道内存、CPU、显卡和显存等配置信息。如果哪家网店连这些信息都没说清楚，你有耐心也许会问问客服，没有耐心就直接看下一家了。当我们销售的不仅是一两个日常消费品，而是高价值、大批量的工业制品时，买家在购买前必定更加谨慎、货比多家。所以，对于他们想知道的产品基础信息，我们必须在广告内容中全面地体现出来，才能有获得询盘的机会。

严格地说，每一款产品的基础内容，都应该在当前页面上完整地展示出来。千万不要抱着“我在别的页面说过了”的想法，因为互联网上每个页面都是独立存在的。你的买家可不会乖乖地从首页开始一页一页地看你的广告。对他来说，任何一个页面都可能是入口，也都可能是出口。回想一下你平时看书、看宣传册时，是不是随手翻开一页，再随手翻开几页，没兴趣就放回去，有兴趣才翻回第一页慢慢看？即使你有 100 款产品、100 个产品介绍页面，每一个页面的内容单独拿出来看，都应该是完整的、足以让买家不需要看其他页面就能了解清楚的。如果做不到这一点，我们就难以“留住”买家。

（1）图片

在互联网的广告页面上，产品图片就相当于产品实物，是留下印象、产生信任的第一基础。如果没有足以展示产品全貌的图片，这个产品即相当于不存在。而具体需要什么样的、什么角度的照片，需要从买家关心的方面来考虑——我们手中相机镜头的作用，实际上就是代替买家的眼睛，买家想看哪里，我们就展示哪里。

①最基本的要求是画质清晰、背景干净，这不必多提。

②对于结构复杂一点的产品，尤其是大型设备，一张照片往往是难以让买家建立整体印象的，最好展示多张不同角度的照片。如果技术允许，可全方位旋转和缩放 3D 模型图是更优选择。

③有很多产品的外观看起来都差不多，区别都在细节里，最好就针对这些细节展示其特写照片。有时一张照片比大段的优势介绍更令人一目了然，至少能吸引人去认真看你写的文字介绍。

④对大多数产品来说，应用图是很重要的，甚至有的应用图比实物图还重要。一张好的应用图，能更直观地让买家觉得这个产品与他“有关”。比如纺织设备、包装设备等，可以先展示这个设备做出来的成品，再展示对应的设备，或者把成品图做成小图放在设备图旁边，比

单独展示设备图更对买家的胃口；机械零部件、易损件等，可以展示这个部件已安装在某个设备上，甚至是正在运行的特写照片；加工工具、日用消费品等，有必要展示用户正在使用时的照片。

（2）描述

对产品特点、功能和应用的准确描述，帮助买家更清楚地确认自己的需求和你的产品是匹配的，这一点非常重要，尤其是对于比较少见的或功能复杂的产品。在对产品功能和应用的介绍上，务必保证描述是通俗易懂、清晰直观的，直观到即使是一个外行看了，也能准确地明白这个产品是用来干什么的。

当买家在看你的网页介绍时，也在同时对比很多家同行的网页介绍。因此，产品描述还应当至少有一个算得上突出的重点，是用心写的、有理有据的，才有可能让买家有兴趣继续了解你。

比如示例 1 的内容也是很专业的，但看起来很费劲，而且对于“耐磨性”这个重要卖点，虽然用好几句话强调，却始终没有例证或数据真正体现出自己的优势。遗憾的是，如果你在百度上搜索“渣浆泵”，哪怕是排在前两页的公司网站里，大多都是这样的内容。在这方面，国内制造企业真的存在很大的提升空间。相对而言，示例 2 则在专业性、可读性、说服力等方面做得更好。

【示例 1】

该系列渣浆泵、杂质泵为悬臂、卧式双壳轴向吸入离心渣浆泵。泵体具有可更换的耐磨金属内衬，叶轮、护套、护板等过流部件均采用耐磨金属。在小流量低扬程区域内，该泵可以输送强磨蚀渣浆；在高扬程大流量区域内输送轻磨蚀渣浆。该泵广泛适用于冶金、矿山、煤炭、电力、建材等工业部门。

【示例 2】

该系列卧式悬臂渣浆泵采用双泵壳结构，泵体、泵盖都带有可以更换的金属内衬。这些部件与传输介质直接接触，其耐磨蚀性能直接决定使用寿命和维护成本。我们选用高铬硬质合金（KmTBCr27）作为过流件材质，其中 Cr 的含量超过 27.5%，硬度可超过 62HRC，高于行业内普遍的 58 - 60HRC。

基于这些特点，该系列渣浆泵拥有更加出色的抗磨蚀性，非常适用于输送含有高浓度、强磨蚀性固体颗粒的浆体，比如用于冶金选矿厂的矿浆输送，火电厂的水力除灰，洗煤厂的煤浆输送，疏浚河道，等等。

（3）参数

参数表实际是一套逻辑语言，通过它，几乎可以限定和表明这个产品所有重要的方面。在处理参数表的时候，有以下两个方面需要格外留意：

第一，参数表内容是否足够齐全。比如对于机械设备，其生产性能参数、外形尺寸参数、电气参数，是否都有提及；对于材料，其物理性能、化学性能、可选规格，是否都介绍清楚了。同时，还需要参考国外同行的参数表，对于他们都提及的参数，必然是国外买家非常关心、不可缺少的参数。

第二，参数表是否易于查看和理解。一张好的参数表，其中各个数据和项目的对应关系应该是清晰直观、一目了然的。如果表中涉及多个型号和规格，那么这张表还应该是便于买家对比和直接选型的。

第三，如果涉及不同语言市场，务必确认参数表的单位是不是当地常用的。最快的办法是直接在谷歌上用“产品名 + 地名”搜索目标市场的同行网站，可以多找几家，然后照着对方的参数表格式和单位做。

2. 营销内容要由“理”至“情”

营销，就是劝说买家去买的过程。对买家来说，你只是众多选择中的一个，如何让他的采购天平倾向你，就是下一步要考虑的问题。

首先，我们需要知道，买家买的从来不是某个产品本身，而是这个产品能为他解决的问题，或能为他带来的好处或便利。他感兴趣的不是你的产品，而是他的利益。

所谓具备“营销性”的广告内容，就是能够把产品本身的设计、工艺、材质等特点，与目标客户的利益点联系起来。这是所有产品营销的核心逻辑，我们可以通过一个更清楚的逻辑路径来表示：

产品客观描述→具有什么特点→对买家有什么好处

为了便于大家更直观地理解，我们来看一个具体的例子：

❖客观描述——这款衬衫采用了聚酯纤维混纺材料。

❖特点——这种混纺材料质地强韧、不易皱，且具有特殊的光滑质感。

❖好处——不仅穿着好看、上档次，还能节省熨烫衬衫的时间，尤其适合上班族。

假设我们就是买家，当我们逐行看完这三句介绍，心里的感受是不是有所不同？当我们看第一句话时，真的会产生购买的欲望吗？每往下多看一句，是不是就多了一分对这款衬衫的认可呢？如果你就是一个觉得熨烫衬衫很费时间的上班族，最后一句有没有打动你呢？可是，明明这就是一款衬衫，客观上它能为我们带来的好处并没有发生变化，只是营销语言改变了我们对它的感受，让我们“觉得”更加需要它了。

这个基本的营销逻辑，需要成为每个营销人员脑子里的条件反射——看到产品的客观描述就想“这有什么好处”，看到产品的优点就反过来想“这是为什么”，前者是给利益，后者是给证据，二者缺一不可。我们可以通过以下两个例子来感受一下。

（1）有利益而无证据

【原始资料】

这款微型雕刻机结构紧凑，体积小巧，稳定可靠，操作简单。它适合应用于雕刻和切割木制品、亚克力、PVC 板、双色板、纤维板、PCB 电路板等，速度快，主要用于小型工艺品加工业。我们拥有成熟的工艺技术，为您提供优质的产品质量、高效的售后服务。

粗看下来，这段内容似乎介绍了很多产品结构、效率、质量等方面的优势。但细看内容，很容易发现每一个优势都只是浮于表面、近乎口号式的介绍，全是形容词，没有任何一点是有证据、有说服力的。

优势如果缺乏支撑，就相当于没有优势。这样的介绍内容，可以说只要是木工雕刻机行业里，对任何一家公司的产品都是适用的，也因此失去了对买家的吸引力和营销性。

也许你会觉得，这个产品可能本身就是非常简单的，行业内都差不多，真没什么优势可写。事实上，对于这类产品，我们可以把“真实”本身当作优势来营销。认真介绍已有的东西，然后适当扬长避短就足够了，不要觉得必须把自己夸得天上有地下无，买家才会买，他们不是要买最好的产品，是要买最可靠、最适合自己的产品。

即使是“行业内都一样”的优势，如果我们能写得清晰、有理有据，就足以打败那些“假大空”的广告内容。

【改写后】

这款微型雕刻机设计紧凑，台面尺寸仅600mm×900mm，只需要一个很小的桌面空间就能安置它，专为小型工艺品的切割和雕刻而设计。

它非常实用，主轴功率为1500W，能加工木材、亚克力板、PV板等材料。加工主轴均采用滚珠丝杠传动，驱动电机则为高精度步进电机，定位精度可控制在0.01mm以内，保证加工质量。它采用铝合金加工台面，表面带有T形槽，方便固定工件，即使是形状不规则的工件也可以轻松加工。

整机采用DSP系统和NC Studio系统控制，操作简单，新手也能在很短的时间内学会使用，帮助你更快地创造效益。

（2）有证据而无利益

【原始资料】

①塔钟可用的材料

钟盘骨架：不锈钢、铁方管、铝合金

钟盘盘面：PC耐力板、亚克力板、铝塑板

钟针、刻度：不锈钢、铝合金

②塔钟的最小尺寸为1.5米，最大尺寸可达8米。

③功能：母钟自动校时功能、报时功能、夜光功能。

④需要独立供电，不需要手动拨动。

这种介绍资料一般出自了解产品但缺少营销意识的人之手。客观来说，确实是“该说的都说了”，但看完之后就是难以让人产生购买产品的欲望，或者说很难真正领会买这个产品到底对自己有什么“好处”。不过好在这种资料已经给了我们充分的产品信息，只需要在此基础上向客户进一步挖掘、确认，就足以完善为值得一看的广告介绍。

【改写后】

恭喜您找到一个塔钟定制专家！

我们不仅熟悉所有类型塔钟的构造和特点，还拥有丰富的定制经验。20多年来，我们已经为用户提供过上千个定制塔钟，直径最小到1.5米、最大到8米，成为酒店、公园、商场等场所的风景。

我们的塔钟均采用电机驱动、机械传动，只需独立供电即可运行，不需手动拨动。由于采用了GPS同步系统，即使是使用多年也能一直保持时间准确，还增加了自动校时、自动报时功能。

我们一般采用不锈钢、铝合金等材料来制作塔钟的钟盘骨架、钟针和刻度，不仅坚固耐用，而且耐腐蚀，即使是长期日晒雨淋也不会影响美观和寿命。此外，根据需求，我们也可以选择成本更加经济的铁方管来制作骨架。

钟盘的盘面则是整个塔钟装饰效果的关键，我们可以采用PC板、亚克力板、铝塑板等不同材料来制作，还可以做镂空、丝印等加工，或增加角花等装饰物，以适应不同的建筑风格。LED背光、指针夜光等功能，我们也都能按要求实现。

上面两种情况都是目前国内企业介绍产品时的常见问题，要么罗列一大堆优点，却不说明理由；要么罗列一大堆配置，却不介绍优势，二者都难以达到营销的目的——前者是让人“不相信”，后者则是让人“没感觉”。因此，对于产品的重要卖点，我们想要有针对性地给客户介绍时，必须从“理性”和“感性”两个角度双管齐下，使广告内容真正具有“说服力”和“煽动力”。

这些道理在大家看来可能非常简单，事实上，一些长期专注于生产或技术的制造企业刚开始做营销时，常常在这个非常简单的逻辑上犯错误。因为产品本身比较专业，平时他们接触的买家也比较专业，所以他们想当然地认为：我们这个行业比较特殊，买家什么都知道、一看就懂，不需要花里胡哨的广告，我只要展示一下产品图片、再放个参数表，就会有人找我买东西。

但是，笔者必须直截了当地指出，只要你的产品是“商品”，就没有什么产品是真正特殊的。你的产品再专业，也是给用户解决问题的；你的买家再专业，真正关注的也无非就是好用、省钱两点而已。你越能把自己的产品在这两点上向买家说得透彻，他就越认可你的产品。

因此，即使有些产品特点是行业内人人皆知的，也需要你通过营销内容来对你的买家“唤醒共识”；如果有些产品优势是人无我有的，更需要你给买家“创造共识”。这种“共识”不仅是一种信息，更是一种情境，一种能让买家真切觉得“我需要这个东西”的情境。同样，即使是在你看来仿佛太阳从西边升起一般的原理，也需要站在买家的角度想：是不是即使一个外行，也能够通过我的介绍看懂我的产品为什么好、相信这个产品确实值得买，然后，耐下心来从因到果地介绍清楚。没有这个过程，就谈不上“营销”。

3. 不同产品要突出差异

对上述两点的运用，足以让我们对任何一个产品完成一篇出色的介绍。下一步的挑战是：一个公司，尤其是一个制造工厂，需要销售的往往是一大批高度集中在同一类产品线中的、不同型号的产品。因此，很多真正"有话可说"的产品优势，在写第一个产品介绍时基本就全部用完了，到第二个、第三个乃至第一百个，有差别的地方都很少，你一动手就会觉得"我好像说过了"。这也是为什么我们看很多国内企业的产品介绍，除了产品名称、图片和参数在细节处不一样外，介绍内容几乎是直接复制、粘贴的。

对于设计和生产这些产品的人来说，也许仅仅是这些细节处的不同，在他看来就足够一目了然了。请想象一下，如果你是一个买家，对这个公司的产品体系一无所知，面对高度相似甚至雷同的产品介绍，要怎么找到、怎么选择真正需要的产品呢？难道同时打开无数个产品介绍页面，对照着找不同吗？因此，如果不同产品间的区别不能通过介绍内容直观地凸显出来，会对买家的采购带来不可忽视的不便和阻碍。

更重要的是，任何公司设计不同类别、不同型号的产品，一定是因为市场上确实有这么多不同的需求，必须通过不同的产品来满足。如果一款产品、一种型号就足以满足所有买家的需求，他们没有理由花费额外的成本去开发那么多新产品。既然如此，不同产品之间的区别点——不管看起来多么微小——都必然是买家最关心的"产品卖点"之一，甚至可以说恰恰是买家购买这款产品的理由，而每款产品背后对应的买家都是不同的。

在这一点上，即使是非常简单的产品，也存在着很大的发挥空间。比如图 6－1、图 6－2 这个例子，是一家国外做 LED 灯条的公司在同一个产品系列中对两个不同型号的介绍内容。虽然这个系列的 LED 灯条乍一看差不多、工艺也不复杂，但他们依然从客户需求出发，在综合性能、防水等级、颜色、尺寸、耐久性、使用场所、控制方式等方面，对每一款产品都做了完全不同的描述，以帮助客户选型。

描述

[redacted]的LED霓虹灯系列中最喜欢的是硅胶LED霓虹灯Flex。该产品的IP67防护等级使其非常适合室内和室外使用。

小切面尺寸使该产品几乎可以量身定制。除了裁切尺寸外，该产品在恶劣条件下还具有出色的耐久性。Silicone LED Flex还可抵抗高温和低温，盐雾，火焰和紫外线。

硅胶LED灯具有单色，动态白和RGB。硅胶LED Flex可调光，可以远程控制。在这里查看我们所有的控制器。

图 6－1　某 LED 灯条公司产品 A 描述截图（Google 自动翻译）

描述

[redacted]的新型LED Hi-Flex Neon Eco是我们迄今为止最先进的霓虹灯。它不仅是最灵活的产品，而且是最具成本效益的。Eco是Hi-Flex硅树脂系列中最大的，宽度为12mm。但是，LED灯条的纤细尺寸不会影响亮度，因为4000K霓虹灯的流明输出为520LM。

Eco不仅有暖白和中性白两种颜色，还有红色，绿色和蓝色。因此，使该产品既适合房屋又适合企业。该产品还提供RGB，可以进行远程控制和调光。在此处查看LED控制器的范围。

该产品具有高度的灵活性，这意味着它不仅可以照亮建筑物，而且还可以以极低的运行成本模制成各种形状。

LED硅胶霓虹灯的IP65等级使其防水。有机硅的坚固特性使其能够抵抗紫外线，气体，酸和碱，因此该产品的使用寿命为36,000小时。

图 6－2　某 LED 灯条公司产品 B 描述截图（Google 自动翻译）

简而言之，在我们介绍每一个不同型号的产品时，其实就是在和有不同需求的买家说话。我们应该着眼于区别点，对不同的买家有的放矢地介绍产品，这样才能有效地激发对方的采购欲望。比如有两款 LED 灯条，所有特点和参数都一样，唯一的差别是 A 款有防水功能而 B 款没有，那么可想而知，谁会买 A 款灯条呢？就是那些需要防水功能的买家！如果我们要赢得这部分买家，就应该在 A 款灯条介绍的第一段里直截了当地点明并深化这一特征，说清楚这款设备最大的特点是具备防水功能，可以在室外使用，采用什么方式来防水的，因此防水等级能达到多少，等等。

总之，先介绍当前产品“不一样”的地方，而且要说清、说透，然后再介绍其他“都一样”的特点。

4. 文字要容易读懂

在这一节里，笔者反复强调了产品广告内容务必言之有物。这个原则当然是需要坚持的，但在实际操作中，为防大家走向另一个极端，笔者同样需要强调与“专业性”相对的另一个原则：可读性。

简而言之，行文的专业性主要是指文字的内容要注重讲道理、举实例、摆数据，而行文的可读性就是指在讲这些道理和证据时，语气和措辞要尽量通俗、简白。互联网的特点就是“似近实远”，这种距离感也是我们最需要克服的困难之一。

在这一点上，很多在产品上做得非常专业的公司都容易犯错，最常见的一大误区就是默认买家什么都知道。因为产品本身专业甚至小众，买卖双方一般都是懂行的，所以卖家总有种与买家“一切尽在不言中”的错觉，仿佛接头暗号一样，既然能来的都是自己人，只要产品名称和图片对上了，就能和买家自然而然地搭上线、收到询盘，产品介绍并不重要，反正可以慢慢再谈。

但是，我们需要意识到一点：纵使对方非常专业，但人家是从搜索引擎里如茫茫海洋一般的数据里找到你的，他面前的搜索结果可不止这一家，而是多得很，只等着他筛选。他必须通过你的页面介绍迅速判断自己是不是找对了，值不值得花时间继续往下看。如果缺少对产品的介绍内容，或者你的介绍都是并不以“让人看懂”为主要目的的技术说明，买家早走人了。因为他完全可以在其他公司的广告里得到更加确定的、更有价值的信息，没有理由非要在某一家的介绍里花费不必要的时间。而当我们每让买家在“了解”和“选择”这两件事上多花一分钟时间，我们就减少一个机会。

因此，我们写互联网广告时，措辞要尽量简单易懂，语气尽量平易近人，帮买家消除一切可能存在的阅读阻碍。具体来说，可以通过下面几点来做到：

（1）尽量用第二人称写

许多懂产品的人写广告介绍时，很容易下意识地写成技术说明书一般的官方语气，通篇都是该产品如何如何、该机如何如何，书面、拗口又难懂。如果采用第二人称，想象正在和买家面对面说话，你写的文字会让阅读的人更有代入感，你的措辞也会更平实、亲切。

更重要的是，当你有意识地想让广告介绍中出现“你”字时，就会发现，你不得不去额外地讲自己的产品会为对方带来什么好处。

举一个最简单的例子，“该机工作效率高”，如果你要求自己必须用第二人称来写这句话，最起码也得写成“这台设备能帮助你提高工作效率”，稍微再用点心，就能写成“我们这台设备采用了××装置，克服了传统机型工作效率低下的问题，能帮助你以更低的成本实现更大的产量”。

这还只是一个最常见的点。如果是专业性更强的点，当你尝试用第二人称来写的时候，表达感染力能增强很多倍。

（2）尽量使用口语化的短句

我们日常说话时，很少会使用句式复杂的长句，只有书面语中才会出现。写广告时，我们原本就是要尽可能模拟口语对话的状态，更多地使用短句，才能有效帮助你的表达看起来更加朴实、易读。不要觉得云山雾罩、外行看不懂的话才是专业，恰恰相反，外行都能看懂才说明你是真的懂。

使用口语化短句还有另一个重要的好处，就是可以帮助提高翻译的准确性。复杂的长句更容易出现指代关系不明确、句子成分缺失、歧义等问题，这些问题在你看中文时可能还感觉没毛病，但对国外做广告的势必要使用多种语言，那么一到英文翻译环节，翻译就会译错。

无论是英语还是西班牙语、俄语等语种，大多都对句子成分、因果关系有严格要求，你必须保证自己的表达是绝对清晰明确、一看就懂的，才能不让翻译产生疑问。毕竟翻译们是不懂你的产品的，又不敢瞎猜，何必让人家这么为难？宁可写得啰唆一点，至少翻译看懂你的意思之后，还能自己换种方式表达出来；如果你写得不清楚，让翻译看不懂，只要沟通有不及时、不畅通的地方，许多翻译可能都会选择按字面意思直译。这有时会带来难以想象的笑话。同理，只有中国人甚至行内人才懂的行话、成语、俗语，也是能不用则不用。

（3）不用刻意考虑关键词

如果你在前期学习行业知识、挖掘有效数据时完成了基本的工作，就已经很清楚用户可能会搜索的关键词是哪些了。在创作内容时，这些词会下意识地在你的遣词造句中跑出来，自然地分布在合理的位置。以搜索引擎的智能，以及对用户体验的强调，可以说正常行文的规则基本就等于搜索引擎认可的标准了。

不信，你看看这几条所谓的内页 SEO 规则：标题中要包含核心关键词，正文中要包含几个不同的关键词，但不要堆砌，一篇文章中不同的主题可以分小标题，小标题中最好也布置几个关键词，重要的语句和关键词可以进行加粗来提高权重……哪怕是事先完全不知道这些规则，好好写一篇文章，也很难不符合这些标准吧？

三、 企业营销内容的要求

买家在决定买某个产品之前，一定会关心“这是谁做的”。企业实力就是产品质量的背书，在每一个买家眼里都是如此，只有好企业才能做出好产品，只有拥有设备、材料、经验、人才和各种资源的企业才能提供合格的产品。

这一点，在极缺信任的互联网广告中尤其重要。即使买家对你的产品已经完全认可，他依然会有种种顾虑：“说得这么好，用起来是不是真的是这样？每个产品的质量都这么稳定吗？万一我买到了不好的产品怎么办？如果用着用着就坏了，这个公司会不会不负责任？……”

因此，对产品有兴趣的买家几乎一定会点开“About Us”（关于我们），先看看企业介绍，看看企业能不能解决这些顾虑。而这些顾虑，就不是单靠我们夸自己的产品好就能解决的了，需要从各个方面展示企业的能力、资源、专业、经验甚至真诚，让买家感到我们是“可靠的”“值得信任的”，从而有信心给我们发询盘。

写企业介绍，可以理解为就是做一道证明题：“为什么我们能做出好产品？”要回答这道题并不难，但是要答得好、答得让人心服口服，就需要从多个角度来展开。

1. 以满足买家利益为目的

我们向买家介绍企业，根本目的是让买家对企业产生信任，促使对方购买我们的产品。这个层面上，对企业的营销和对产品的营销别无二致，虽然换了个角度，依然是在卖产品，买家的需求和利益，依然是我们眼中不变的靶心。

整篇企业介绍都应当紧紧围绕“靶心”来写，每一段话都要有明确的表达目的，而且都明确地指向“靶心”。切忌只要算个优点，就自以为多多益善地往企业介绍里写，因为人的注意力是有限的，太多不重要的信息，不可避免地会模糊掉真正需要让买家看到的重点。即使企业有很多优势，写在企业介绍里的都必须是买家真正关心的、确实对产品的质量、产量等方面有证明作用的。

比如“高新技术企业”“外观设计专利”“产学研合作”之类的荣誉成就介绍，在国内企业介绍里的出镜率很高，甚至会出现长篇累牍的列举。真要说这些东西能在多大程度上证明“公司实力”，又十分勉强。事实上，只需要列出国际认可的认证证书，或真正有含金量的奖项即可，如果没有，索性不提荣誉奖项，也好过列一堆没有证明力的荣誉。

更有用的做法是直接说结论，直接说自己擅长做什么、已经取得什么成果，比如使产品效率比之前提升多少、至今已成功完成多少个项目等，即使这个结论不是多么厉害、无人能及，但可信度和说服力要比前一种做法高得多。

下面这个例子，我们能推测原文的目的是想说明产品适用范围广，但在表述上完全是毫无意义的列举。稍做改写后，虽然还是在说同一件事，而且在行业内也不是了不起的事，但表达目的更明确、重点也更突出，对买家来说，也更“有用”。

【原始资料】

公司生产的水切割机在电力及新能源、石化、高铁、汽车、医疗、纺织、食品、化工、印刷、包装、工程机械、船舶修造、电子、交通、建筑、装潢装饰、金属、碳纤维、玻璃纤维、化纤、皮革、塑料、布匹、纸张、玻璃、陶瓷、石材等广阔的领域使用。

【改写后】

我们的水切割机适用性很广，各种金属和非金属都可以切割，包括一些传统切割方式难以处理的复合材料、反光材料等。因此，我们的产品在几乎所有工业制造行业都得到了广泛应用，甚至是要求极高的食品加工、船舶制造行业。

2. 以自身优势为立足点

明确了对方想看什么，我们才能明确到底要展示什么。

我们可以从工厂、设备、原材料、人才、配套资源等方面，审视自己拥有的资源，以及这些资源是如何为最终产品质量的提高或产品成本的降低贡献价值的，或者也可以从产品的特点入手，考虑一下对于制造这类产品而言必要的资源是什么，其中自己有什么，然后再有针对性地展示。比如生产小件产品的公司一般需要展示厂房和设备，做设备的公司一般需要展示装配规模和部件质量，做大型工程的公司则可能需要展示专业服务团队和配套资源，等等。

需要注意的是，一旦我们决定要体现某个优势，就要想尽办法写“透”它。单一角度的表达，是难以建立存在感、难以影响人心的。也就是说，我们要尽可能地从不同角度来展示这个优势，而且每个角度都要做到位，让买家能立体地认识和感受到你的优势，并自己得出结论，而不是只由我们片面地、单一地重复这个结论本身。

假设我们的优势是经验丰富，可以在显眼的位置标明“专注于××行业××年”或“自19××年起专注于××”等，或在公司介绍栏目底下增加“发展历程”栏目，并配上公司的老照片，更好的方式是认真做一个“客户案例”的栏目，展示在不同时期、面向不同客户、卖出不同产品的大量的案例，并配上客户现场照片和解说。

假设我们的优势是服务到位，同样有很多角度。首先，是一个详尽的“服务与支持”栏目，罗列清楚从售前到售后我们能提供的所有服务内容；其次，可以在公司介绍里加强对服务团队的介绍，比如团队成员的经验、专业度、语言能力等；最后，还可以在各类产品的介绍页面里，标注清楚我们针对这个产品提供的配套服务有哪些。

总之，对企业优势的营销是一个系统工程，要想尽办法在这个优势能产生影响的地方尽可能地展示它，让这个优势能为买家带来的利益被最大化地体现出来。

值得写在企业介绍里的优势贵精不贵多，把一个最重要的优势写好、写出深度、写得真的像一个“优势”，远远好过堆砌许多优势，却对每一部分都只是肤浅地一带而过。以扬长避短为前提，然后再考虑尽可能全面地展示优势；如果某个资源虽然重要，但我们在这方面实在是没有优势，就必须适当弱化，不能硬着头皮写。如果只字未提，别人还可能觉得你只是“没有说”，至少还是个疑问号，反正公司介绍也不是八股文，没人规定必须写哪些东西；如果你提了一句却又闪烁其词，甚至说得不对，反倒让对方一眼看破。

假设我们卖的是某种非常看重认证证书的工业产品，而我们暂时还没有取得任何国际认证，那么宁可先不在广告上展示任何证书，也不要因为没有国际证书，就一口气放很多张只有中国才认可的专利证书、荣誉奖状以做“弥补”——这没有任何用处，只会让买家更加明白，这个公司没有国际证书。

可以说，组织营销内容如同排兵布阵，任何一段广告内容都是重要的兵力；不出手则已，但凡出手，务求制敌，否则就是暴露弱点，自入险境。在企业介绍这种“战略要塞”，更要用心谨慎。

3. 以数据和事实直接取信

再强大的竞争优势，如果营销时在别人看来缺少可信度，便是事倍功半。广告语说得漂亮很重要，但越是漂亮的话越是需要强有力的证据支撑。你在前头抛出来的优势和利益点越是吸引人，买家想要了解

“这是不是真的”的需求就越迫切。这个时候我们以数据和事实“乘胜追击”，可以说是最简单有效的连招。

首先，可以用工厂规模、产量、设备精度等数据直接证明实力。这个很好理解，也容易做到，只是在实际工作中容易被忽略。我们需要做的很简单，就是在准备内容时对每一个营销上的优势都保持敏感度：这个优势可以从哪些数据上体现，是否能要到相应的数据，然后把这些证据融入内容。如图 6 – 3 所示。

图 6 – 3　某 CNC 加工公司网站“加工服务”栏目截图（Google 自动翻译）

其次，可以通过应用案例、客户证言、样品展示、销售额等信息来证明经验丰富，从侧面体现可靠。“我们做过”，能最直接地证明“我们能做”。对买家来说，谁都不愿意也没必要做第一个吃螃蟹的人。市场的考验最实在，一个设备如果已经做了二十年、三十年，已经卖了几千台、几万台，就是最有说服力的质量保证。

经验展示的方式也很多样，无论选择哪种方式，以下几个方向中至少有一个要做到位，否则就没有说服力：要么是列举的案例或样品非常多、类型非常丰富；要么是专门选取采购规模大的，或者有技术难度的案例做详细解析；要么就是合作的对象非常大牌、知名，以至于对他的认可本身就是强有力的背书；要么至少挑几个合作关系特别好的老客户，讲一讲开展合作和继续合作的故事，以体现我们的服务可靠或质量可靠，给新客户一点信心。

总之，展示这些内容的时候表达目的一定要明确，你得非常清楚到底想通过这些照片、文字告诉对方什么，是各种各样的产品都会做，是技术特别高超，能做别人都做不了的产品，还是你对待客户都像春风般温暖，而不是为了展示而展示。

至于表现方式，非常灵活。笔者有几个印象比较深刻的例子，可供启发和参考，具体内容如下：

有一个做激光切割机的公司，优势之一是设备耐用性特别好，七八年前卖出的第一台设备到现在还在使用。于是，笔者就让对方找出了七八年前卖出这台设备在客户现场拍的照片，以及最近一次回访时在客户现场拍的照片，两张照片放在一起，并在照片解说中介绍了合作经过。有了这种案例，笔者在售后服务栏目里摆出这个公司的产品返修率低于1‰的数据，底气很足。

还有一个做塑料机械的工厂，本来是卖设备给一家国外的贸易商，后来合作关系越来越好，这个贸易商最后直接成了这个工厂在该国最大的代理商，专门帮忙卖他们家的设备。笔者就和这个工厂商量，翻出了他们多年来和这个代理商的合影照片，以及代理商在当地建立的设备仓库照片，详细介绍了他们是怎么得到对方的信任、怎么帮对方解决问题、怎么合作得越来越密切的。即使不需要说这家公司的服务多么到位、质量多么可靠，看完案例的人就会有同样的感受了。

这种案例，用心准备，用真实照片取信，用真实故事打动人，只需要三五个就足以大大提升信任感。当然，也不是说只有讲故事的案例才是好案例，比如按图纸做定制加工的工厂，可以直接展示大量的样品照片来证明经验丰富，但样品的数量和种类一定要多，以上百张照片贴在页面上给人拉不到底的感觉为佳。最好是每个样品都备注好名称和参数，相比只放图片，观感上无论可信度还是专业感都会更强。毕竟盗图也不是难事，但写得出具体参数、叫得出名字，不是产品专家真不行。反之，如果你的案例展示无论是量与质两头都不沾，只是零星放置七八张客户合影或者产品照片，又没有任何解说——就像之前说过的，不如不放。

4. 以专业知识和商业态度侧面取信

数据、案例之类的证明算是硬通货，是最重要的获取信任感的手段。我们也说了，企业营销是系统工程，还需要一些软营销的技巧，除了让买家“知道”我们专业，还要让买家“感受”到我们的专业。毕竟我们的最终目的，是在买家心中打造出一个关于我们企业的好人设，让他对这个人设产生信任和好感。我们在语文课上都学过，要塑造好一个人物形象，需要通过对正面描写和侧面描写的合理运用来完成。对一个企业的广告营销，专业知识和商业态度，就是主要的所谓“侧面描写”的内容了。

图6－4是一家做抛光机的公司，在网站“行业应用”栏目中有针对机场应用所做的介绍。看文中一步步分析问题和提出建议，可以明显地感受到他们的条理清楚、深入浅出，不需要了解这家公司到底是谁，我们也会相信它一定是靠谱的大公司。这就是专业的魅力。

图6－5则是另一种方式。这是一家做安全封条的公司，在“为什么选择我们”栏目中有关于定制优势的部分介绍内容。虽然并不是在直接推销某款产品，也没有鼓吹公司的优势，但看他们向客户问出的一系列问题，每个问题都体现出他们的专业、严谨、经验丰富、熟知客户的痛点和需求，字字句句都是毋庸置疑的实力。

这可能是内容撰写中最难的部分。一个公司的专业难以只用一两句话来直接描述，就是说了买家也很难相信，但它藏在字里行间，藏在公改善橡胶的摩擦和消除。

寻求改善机场安全性时，要考虑到跑道表面状态的重要因素，这些因素包括：结构，所用材料，表面类型，雪，冰，水和土壤污染特别是橡胶存款）。

无论路面类型如何，跑道摩擦系数都会随着时间的推移而变化，这取决于飞机活动的类型和频率以及天气状况。除了飞机轮胎正常机械磨损产生的橡胶外，其他污染物也会积聚在跑道的路面上，从而降低其摩擦性能。因此，必须保持机场跑道具有最高的安全标准，并确保充分的排水和地面抓地力，特别是起飞和降落区域，这一点至关重要。[redacted] 研究和开发了新技术，以使起飞和降落跑道保持理想状态，并减少飞机的制动距离。

橡胶处理

随着飞机降落，跑道上的宏观和微观纹理会随着路面上污染物的积累而降低。这种橡胶积聚减少了排水和摩擦系数，以至于安全性受到损害。从跑道上清除多余的橡胶是为了确保安全地进行机场运营。一种非常有效且经济高效的方法，是从着陆带或在骨料颗粒上涂有沥青粘合剂涂层的新表面上清除橡胶沉积物，这是超高压水清洗。由于路面质量各不相同，因此应选择允许可变压力设置以避免表面损坏的设备。机器的生产率（每小时去除橡胶的平方米数）是要考虑的另一个重要因素。如果环境温度低于零度，并且有淡水供应存在问题，或者需要改善微织构时，建议使用喷砂处理去除橡胶。

消除橡胶沉积物的频率

每天着陆次数	橡胶处理频率
小于15	2岁
16至30之间	1年
31至90之间	6个月
在91至150之间	4个月
151至210之间	3个月
超过210	2个月

图 6-4　某抛光机公司“行业应用”栏目截图（Google 自动翻译）

司简介、产品分类方式、产品介绍、市场应用乃至行业资讯之中，能让买家看完之后自己就得出结论——这个公司真是专业。简单来说，就是需要把你知道的各种重要的专业知识，用深入浅出的介绍方式贯穿在各种营销内容中，并不是有意卖弄，却不断向买家暗示“我非常清楚你需要什么，也非常清楚该如何去做，而且我知道怎样能做得更好”。即使这些可能是大多数买家都知道的信息，我们依然要有理有据、逻辑清晰地介绍清楚。因为我们的目的不在于告诉买家这个信息，而是向买家证明“我们知道这个信息”，向买家证明“你我都是内行人”。

这也是我们强调，只有懂产品的人才写得出好广告的原因。尤其是本身专业性就很强的产品、偏僻领域的产品，或者定制化程度特别高的产品，如果买家不专业，只怕卖家都懒得接他的单子，买家对卖家专业

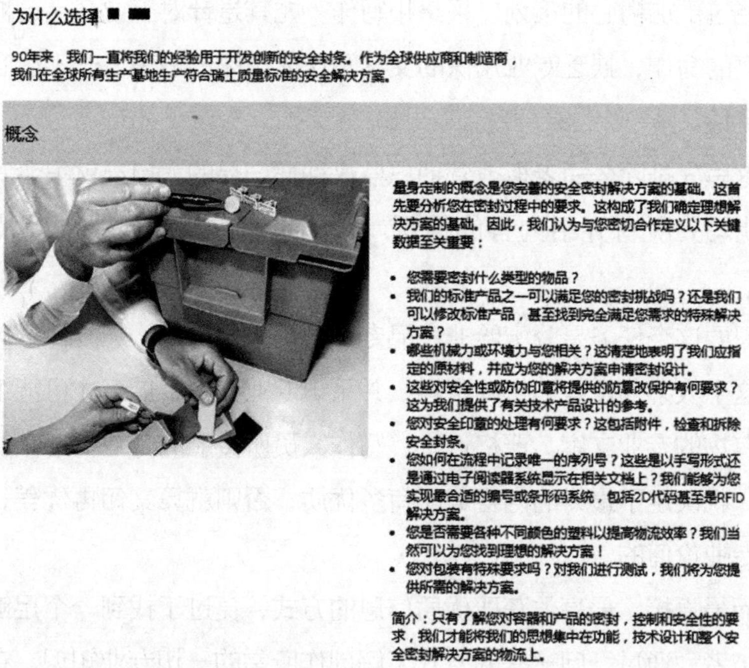

为什么选择[redacted]

90年来，我们一直将我们的经验用于开发创新的安全封条。作为全球供应商和制造商，我们在全球所有生产基地生产符合瑞士质量标准的安全解决方案。

概念

量身定制的概念是您完善的安全密封解决方案的基础。这首先要分析您在密封过程中的要求。这构成了我们确定理想解决方案的基础。因此，我们认为与您密切合作定义以下关键数据至关重要：

- 您需要密封什么类型的物品？
- 我们的标准产品之一可以满足您的密封挑战吗？还是我们可以修改标准产品，甚至找到完全满足您需求的特殊解决方案？
- 哪些机械力或环境力与您相关？这清楚地表明了我们应指定的原材料，并应为您的解决方案申请密封设计。
- 这些对安全性或防伪印章将提供的防篡改保护有何要求？这为我们提供了有关技术产品设计的参考。
- 您对安全印章的处理有何要求？这包括附件，检查和拆除安全封条。
- 您如何在流程中记录唯一的序列号？这些是以手写形式还是通过电子阅读器系统显示在相关文档上？我们能够为您实现最合适的编号或条形码系统，包括2D代码甚至是RFID解决方案。
- 您是否需要各种不同颜色的塑料以提高物流效率？我们当然可以为您找到理想的解决方案！
- 您对包装有特殊要求吗？对我们进行测试，我们将为您提供所需的解决方案。

简介：只有了解您对容器和产品的密封，控制和安全性的要求，我们才能将我们的思想集中在功能，技术设计和整个安全密封解决方案的物流上。

图 6-5　某安全封条公司“定制解决方案”介绍截图（Google 自动翻译）

度的看重只会更甚。有一句话在国外公司的企业介绍里非常常见，大意是“我们能迅速理解您的需求”，意思无非是告诉买家：你放心，我们很专业，跟我们合作你不需要花时间多讲废话——由此可见一斑。

四、进一步提升内容质量

一般来说，文案写作人员完成任务的最快方法就是：先查阅网络上的大量资料，尤其是充分了解国外同行的介绍方式，然后依照前文所述的内容要求，对公司现有的产品介绍或技术资料进行改写。这个过程是完全有可能独力完成的，只需要定期让懂产品的专业人士检查是否有专业错误就可以了。

如果想要创造出真正吸引兴趣、获得买家心中投票的内容，往往都需要经过更加精心的策划、采集和写作。尤其是针对工业产品这种专业性极高的写作，缺乏专业知识的文案写作人员闭门造车，一不小心就会闹出笑话。

这里先排除公司老板或营销总监这种懂产品的人自己就很会写，而且负责写完所有介绍内容的情况。如果是这种情况，这一节请直接跳过。

只要这个任务是分配给非产品专业人员来完成的，想要保证内容质量，这个人必须反复地查阅资料，并采访专业人士，最终才可能组织出言之有物的专业文案。严格地说，写作人员所接触的专业信息来源有多优质，就决定了最终的内容成品有多优质，否则就算文句再优美，也是缺乏专业价值的。

而最直接、最高效获取优质信息的方式，莫过于找到一个足够专业的受访者，通过一问一答的方式了解创作所需的一切专业知识。在理想的情况下，当你完成这个采访，接下来只需要有条理地组织语言，把你获得的信息串成文章就可以了。这种方法适合用来写网站中几乎所有内容，包括产品介绍、公司介绍、工厂展示、行业应用、发展历程等，哪怕是整个网站从零开始写起都没有问题。

这项重要而艰巨的任务大概要通过以下三个部分来完成：

一是需要前期了解清楚这个公司和产品的基本信息，并在网上查阅大量的资料，看大量的国外同行的介绍内容。这个道理就跟写作文之前要多读几篇范文差不多，范文看得多了，自然就知道形式上应该怎么写了。同时，前期了解得越充分，越有利于采访时挖掘出更多更深层次的内容。

二是要找到懂产品的专家，并深入采访，挖掘到更全面、更详细、更有独特价值的内容。这一部分，是事关成败的关键。但最重要的前提是，你必须找到足够了解这家公司的受访者，并且说服他给你足够的采访时间。受访者的水平如何，直接决定了你所创作内容的质量上限。而这位受访者的最佳人选，一般来说就是这家公司的老板。如果做不到，至少也要找到在对应领域了解最深的人，比如写产品介绍时需要找到营销负责人，写工厂展示时要找到生产负责人。如果找错了人，完全可能让整个采访一无所获。

三是内容创作人员根据手上收集到的素材，遵从前面所说的各项关于营销内容的要求，自己重新梳理逻辑、组织语言，最终完成作品。

不同于和客户的日常沟通确认，这种采访是系统性、长时间、目的极其明确的，而且需要一个很可能在公司非常有地位的人至少腾出半天以上的时间，所以你是绝对不能聊崩的。想要达到采访目的，一些准备工作和技巧是必需的。

1. 预先了解可能的答案

针对专业产品向专业人士进行的采访，事前你不能对产品一无所知。

事实上，如果你将“迅速了解产品”的工作做到位，现在应该早已看过无数国内外同行的网站，阅读过各式各样的介绍内容。对于某个行业来说，重要的信息点无非就那么几个。比如 CNC 加工（精密加工），就是用什么设备、什么材料、服务哪些行业之类的问题；而针对所用设备，重要的信息也就是加工类型、加工精度、设备数量、设备品牌、最大产量等。更具体点说，加工精度高对成品有什么影响，给买家带来什么好处，基本都能总结出套路话术。

所以，只要你确实了解过行业基本情况，也看过其他同行网站内容的写法，就算是现在让你依葫芦画瓢地新写一篇出来，你也有把握写个大概，只是不能确定技术细节是否符合这家公司的实际情况。

务必记住：这个采访本身就不是从无到有、一点点了解的过程，而是你胸有成竹，只是针对专业问题确认细节而已。

2. 尽可能提高采访效率

记录的方式无所谓，可以是纸笔或打字，哪个更快就用哪个。

但笔者不建议大家以录音作为主要的记录手段，虽然采访时很省事，但后续整理起来又麻烦又费时间，很可能你回头再整理的时候，整个人已经不在当时那种思维状态了，非常影响创作的心态和效率。所以，录音只适合当作辅助和备份的手段，不要太依赖它。

当然，使用语音输入软件也是一个思路，但不建议作为主要手段。因为实际采访时，很难遇到双方一直保持思路清晰、表达流畅的情况，所以整理起来同样不会比听录音轻松。

笔者建议大家，只要是能在采访时完成的文字工作，就不要留到采访后。在最理想的情况下，准确地说是你已了解的前期信息足够多，且提问的思路足够清晰的情况下，很可能做完采访的同时，内容基本就写完了，剩下的工作只是修改和润色。当然，这就要求你必须带上笔记本电脑，而且打字速度足够快。

按照这种操作方式，一个熟练的文案写作人员一天之内完成一万字以上的原创内容是完全有可能的，而且保量保质。因为所有内容的素材来源都是新鲜的，其中还会掺杂两个人交谈间碰撞的新思路，与一般网页上充斥的老生常谈、僵硬死板的内容完全不同。

3. 灵活引导对方配合你

对于内容创作人员来说，采访时最重要的就是提问技巧。在绝大多数情况下，你的受访者不会像你想象得那么配合你。真实的情况很可能是，对方踌躇半天之后直接回答你“这个产品没什么特点，大家做的都一样”，或者一聊起来就停不下来，但话题又总是往对你没有帮助的方向跑。因此，要想从对方口中得到你真正需要的内容，还是需要费一番力气的。以下几个采访技巧，也许会对大家有帮助。

（1）主动明确采访主题

在与对方沟通前，你必须先保证自己心中已经有足够明确的目的和思路。

值得你采访的人，应该都是在这个公司甚至这个行业有一定地位的人。他一定对自己的产品非常了解，而且大概率是一个有主见、有想法的人。更重要的是，他应该是个大忙人。

因此，你必须在采访开始前，直截了当、条理清晰地告诉他此次采访的目的和重要性，你想要取得什么效果，需要他提供什么样的信息。同时，你还需要让他了解你大致的采访思路，了解双方应该谈论的话题核心在哪里。否则，他很可能会不认可你，因为对你的不认可而敷衍你，甚至聊几句就借故离开；或者因为你缺乏清晰的思路，导致你觉得对方说什么都对，话题完全被他带跑，看起来聊得挺热烈，回头一整理才发觉全用不上。

如果是信息架构的设计者自己来负责文案创作，那么采访工作比较容易，因为你已经有清晰而坚定的思路了，知道自己要干什么，不会轻易偏离主题。如果文案创作人员之前没有参与过信息架构设计，必须先与架构设计者充分沟通，确保自己已经完全领会并认同为什么这样设计，以及需要什么样的内容来支撑这个架构。

采访刚开始的两分钟的沟通至关重要。笔者的建议是，在这两分钟里，至少以下内容必须先向对方讲清楚，并想办法得到对方的认可，才有可能得到你要的信息。当然，这几句话只是例子，帮助理解，实际交谈时不用照本宣科。

- 现在互联网上的营销竞争很激烈，网站的内容如果不专业、不吸引人，买家只怕一点开就不想再看了。
- 今天的采访是为了获得网站内容的基本素材，这会直接决定网站的质量，决定买家在咱们的网站上能了解到什么。

- 您是这方面的专家，您的经验和专业知识是最容易说服买家的。买家越是觉得这个公司专业，就越容易信任这家公司。

- 我来之前对您的公司和产品做了一定的了解，您的产品的特点是……买家一定关心……所以我想通过……来证明我们的……并通过……来证明我们的……（讲解营销思路）。我今天的采访内容，主要针对这两部分。您看有什么建议或者需要补充的？

（2）封闭性提问为主，开放性提问为辅

当你正式提问，可能会发现，虽然对方非常专业，但恰恰因为他对产品过于了解，对于你问的那些问题，总觉得过于简单以至于无话可说，或者不知道该怎么说。虽然采访往往需要先从开放性的问题开始，但你发现对方并不是那种稍做提示就能滔滔不绝的人，就不能换汤不换药地反复问，需要通过封闭性的问题做引导，才有可能让对方进入状态。

所谓的用封闭性问题做引导，就是把你之前在国外同行网站里看过的、他们对这个问题的答案，试探性地直接拿出来问对方："是……这样吗？那么是……这样吗？"

这是因为对方此时的"不知道该怎么说"，实际上是不知道你到底想要什么样的回答。你这时只要给他一个具体的例子，他就很容易做出选择：要么承认确实就是你猜测的这样，要么就会本能地纠正你其实应该是什么样。

比如 CNC 加工的例子，当你问"你们做 CNC 加工有什么优势"，这个问题的答案比较宽泛，对方有可能不知从何说起。没关系，你停几秒就可以接着问："像这种加工主要依靠的就是加工设备吗？我能先了解一下，我们在加工设备方面的实力如何吗？"

如果这还不足以让你得到具体的答案，还可以继续问："比如加工精度方面，我们最高可以达到多少?”这个问题就不存在答不上来的情况了。如果精度没有优势，你大概能猜测这个公司是低价多销的，接下来可以及时调整方向去问设备数量、产量方面的问题。

如果精度确实比较高，你就可以夸一下，然后自然而然地换个角度问得更深一些。你可以继续使用封闭性提问“那真是很精细的加工了，即使客户有比较高的要求，我们也可以满足。那么像汽车、航空航天方面的零件加工，我们是不是也可以做”，或者开始试着给对方更大的发挥空间，改用开放性提问“我们应该经常会碰到一些图纸非常复杂的零件，这种情况我们又是怎么做到依然保证产品质量的呢”……如此几个回合，你很快就会发现，你们已经愉快地聊天了。

到这里，你可以明显地发现，这种高效的提问方式，其实是基于你采访前就已清晰的脉络和逻辑，按部就班地一点点确认而已。更重要的是，当你提问的思路清晰，写作的思路只会更清晰。比如上面这一套问题问完，其实你就已经可以写完加工设备的介绍内容了：“××公司专注于 CNC 精密五金加工，尤其擅长为航空航天、汽车等行业的高要求客户提供解决方案。我们拥有××台五轴加工中心，最高加工精度可达××μm。此外我们还配备了……设备，专门解决复杂零件的加工……”或者也可以理解为，该写的内容其实早已在你心中，而你的提问只是请对方帮忙给你的这段话填上空白而已。

下面是一些在实际交谈时可能经常需要用到的问题和思路，供大家参考。

①您的产品是卖给哪些人的?

②他们是为了解决什么问题/满足什么需求，而买您的产品的?

③所以对他们来说，一个好的产品应该是什么样的？这样的产品能为他们带来什么好处?

④我们拥有什么资源/能力/人才/经验，因此能做出符合这些要求

的产品？

⑤在产品的生产过程中，有什么环节是比较重要的，对最终的产品会产生什么影响？

⑥在这些环节，我们又是怎么做的？

……

五、内容质量自检

内容创作是一件需要花费大量时间的工作，还要投入许多巧思和创意。同样是一件不容易直接判断成果和好坏的事，同样一篇内容，可能有的人认可、有的人不认可，自己有时也不知道写得好不好，对网站到底有没有帮助，相信这是所有内容创作人员都有过的困惑。

关于这个问题，笔者也很难说出真正有参考意义的标准。不过，有一个第三方裁判——搜索引擎。虽然我们没有办法知道搜索引擎判断内容质量高低的具体算法，但可以了解搜索引擎在开发算法时的思路和目的，这完全可以成为我们内容创作的方向。

Google 公司里专门负责搜索业务的副总裁 Amit Singal，曾在自己的博客上针对“熊猫算法”发表过一篇文章。“熊猫算法”是专门打击低质量内容的，而 Amit Singal 在这篇文章中就列出了“我们在写评估网站质量的算法时会问自己的问题”。这些问题是非常明确而有指导意义的，适合每一位内容创作人员用来判断自己的内容质量。具体包括以下几点：

❖你是否相信该文章中提供的信息？

❖在你看来，该文章是由深谙主题的专家或爱好者所写，还是在性质上较为肤浅的文章？

❖此网站中是否有相同或相似主题的多余内容，只是关键词稍微有些变化？

❖你愿意向此网站提供你的信用卡信息吗？

❖文章是否有拼写、格式或事实错误？

❖文章主题是由网站读者的真实兴趣来主导，还是网站通过猜测可能在搜索引擎中排名较好的话题来确定？

❖文章是否提供原创内容、信息，原创报道，原创研究或原创分析？

❖与搜索结果中的其他网页相比，这个网页是否具有重大价值？

❖在内容方面，质量控制水平如何？

❖文章是否兼具描述事物的好坏两方面？

❖网站是否为其同主题网站方面的公认权威？

❖网站内容是否由许多创建者批量创建或外包创建？或者由于网站网络巨大，单个网页或网站的关注度很低？

❖文章是经过精心编辑的，还是随意或匆忙创建的？

❖你是否相信此网站提供的与健康相关的信息？

❖在看到这个网站名称时，你是否会视此网站为权威信息来源？

❖这篇文章是否提供关于主题的完整或全面的说明？

❖文章是否包含深刻分析或不那么浅显的有趣信息？

❖对于这类网页，你是否希望添加到收藏夹，与朋友分享或向他人推荐？

❖这篇文章是否有过多分散注意力或干扰主要内容的广告？

❖你认为你会在纸质杂志、百科全书或书籍中读到这篇文章吗？

❖该文章是否短小、没有实质内容，或者缺乏有帮助的具体内容？

❖此网页的制作属于非常关心和注意细节，还是不太注意细节？

❖用户从此网站看到网页时会抱怨吗？

2014 年 8 月，百度站长平台发布了《百度搜索引擎网页质量白皮书》，其中对于“内容质量好”的网页给出了自己的标准。虽然相较于

Google 的标准来说还不够清晰和具体，但也一并放在这里供大家参考。具体内容如下：

❖花费了较多时间和精力编辑，倾注了编者的经验和专业知识。

❖内容清晰、完整且丰富。

❖资源有效且优质。

❖信息真实有效。

❖安全无毒。

❖不含任何作弊行为和意图。

❖对用户有较强的正收益。

对于整个中国制造业而言，无论是要锐意创新，还是打造品牌，在互联网营销上都必须摈弃当下盛行的浮躁之风，把网站建设的重心从概念、视觉、口号转移到具有价值的内容质量上。这不是一件容易的事，也不是一件短时间内就能完成和得到收益的事，它既需要策划人员、文案人员忠实履行职责，也需要制造企业的老板和营销总监、外贸总监对此有充分的认知。从更长远的战略上来建设和经营你的网站，企业的市场和品牌才有更长远的未来。

第七章

如何规划广告页面

在越来越重视用户体验的今天，互联网广告页面的制作已经不仅仅是美工们的工作，或者说已经不是只需要关注视觉设计就能出色完成的工作。除了颜色搭配、图形设计外，网站主题、功能模块、页面之间的联系、内容的合理呈现等，都是必须在广告页面设计前期就通过营销策划来规划和明确的，然后才能交给美工和程序员开展工作。

正常情况下，一个网站的整体风格和核心功能模块，应当在设计之初就基本确定，后期只需要基于原本的模块进行内容更新即可。如果前期对广告页面的规划不到位，必然会在网站运行后出现需要返工的问题，不仅会破坏网站本身的稳定性、影响自然排名，还会造成高昂的成本。

对整个网站的统筹规划工作，在目前的网站制作行业中已经越来越重要。实际工作中，应由网站策划人员先提出各个页面的设计概念和草稿，再让页面设计师画出具体的图纸，最后由美工和程序员完成页面制作。

本章主要讨论第一步，即从网站策划人员的角度出发讨论“如何规划广告页面”，便于页面设计师、美工等更高效、更顺利地完成后续工作，同时提高和保证最终的页面质量。这里集中阐述了一些为网站页面设计做规划的基本要求和原则，同时也可以看作是对于第五章“如何设计信息架构”的延伸、外化和落实。但关于网页制作和设计的具体操作问题，则不在本书的讨论范围，因此不再赘述。

一、用户友好

互联网广告页面归根结底是为了促使买家消费，页面设计也必须以此为最高优先级的目的。每个页面都需要让普通人看着舒服，并尽可能减少操作时的阻碍，使页面易于浏览、点击，并有逻辑地跳转。如果能满足这些要求，即使是最简单的页面风格也可以带来出色的用户体验。在此基础上，华丽的图片、复杂的动效才是锦上添花的加分项。

1. 设计主题与信息架构相符

广告页面的整体设计，无论是风格还是排版，都应高度忠实于营销策划与客户共同确定的信息架构。同样，营销策划人员也应当向页面设计师全面地讲解信息架构中所包含的重点，包括买家是谁、产品卖点是什么、企业优势是什么、买家常常关注什么、希望买家关注什么等。整个网站的布局和细节，都应紧紧围绕着营销主题来设计。我们必须确保设计师完全理解网站信息架构的主题和设计目的，最终才有可能得到符合预期的网页设计效果。

要做到这一点，需要和设计师充分沟通，向他讲解清楚你的设计思路。同时，还可以找一些能参考最终呈现效果的同行网站给设计师看，或者直接画出草稿，使他更直观地了解你的要求。不过，在与页面设计师的沟通过程中也需要注意，让对方理解我们共同的目的是第一位的，但不必过多限制必须使用什么形式来达到目的，否则，可能会对设计师的积极性和灵活性造成打击。更多地了解设计师在这方面的想法，充分让他们发挥专业所长，实现“1 +1 >2”。

2. 逻辑简明的模块化设计

用户很难喜欢上一个元素众多、层次复杂、要花很长时间才能搞懂的网站。越是简明高效、容易上手的网站，越容易被用户接纳。因此，合理的网页设计逻辑，应当给用户提供更高的便捷性、高效性和探索性。在这方面，有以下两个重要的设计原则，可以适应绝大多数的情况：

一是“模块化设计”。一套模块化的设计布局下，每个模块的内容都被呈现为相互独立的部分，用户可以根据自己的喜好和兴趣，点击不同的模块来了解更多的信息。模块化设计拥有其他方式难以比拟的清晰和简洁，而且用户可以快速分类内容和选择性浏览，能有效地鼓励用户主动探索网站。

二是“由简到繁、层层推进”。这一点和“模块化设计”结合起来运用可以说事半功倍。我们都知道，在网络信息越来越多的现在，人们越来越没有耐心去阅读冗长的文章。但是一个优质的网站，却又必须有足够丰富的、有价值的内容，才能经得起用户的探索和阅读。这并不矛盾——用户对于浏览和筛选无效信息的耐心降低，恰恰是为了更快看到自己感兴趣的内容；对于真正感兴趣的、希望从中获得价值的内容，用户自然不会吝惜时间。

因此，网页设计应当迎合这一点，在首页、导航栏、目录页等页面，以简洁的模块、美观的图片、精练的文字，帮助用户迅速识别出自己感兴趣的部分；而在产品介绍、行业信息、专业知识等页面，逐步增加文本的比例，向用户呈现出这个网站真正的“内涵”。同样，哪怕是在某一个页面上，也应当将精美简练的横幅、导语或广告语先放在前面，然后再呈现模块化的文本内容。

我们可以简单地总结：**层次越浅、越先出现在用户面前的页面，其逻辑、主题和美感就越重要；层次更深、需要用户探索后再出现的页面，其文字内容的优质、丰富就更重要。**

3. 视觉和谐

色彩和图片的选用，几乎定义了整个网站的基调和风格，会直接影响人们的情绪，也决定了买家进入网站后的第一印象。比如 bilibili 视频网站采用活泼的粉红色、360 安全卫士采用舒缓的绿色，而工业制品网站则非常偏爱白色、灰色、深蓝色，以营造专业感和商务感。

不过，只要颜色的饱和度和色彩的协调性是令人舒适的，并没有什么色系是一定不能尝试的。有时使用一些不常用的颜色，如果和产品特性或公司的品牌契合，可以更好地让买家记住公司，比如做真皮皮具的公司使用接近牛皮颜色的棕色作为网站主色调，NSK 轴承就使用自己 logo 的红色作为网站的主要颜色。

确定网站的主色调之后，在一些细节上的颜色设计和创意，则可以完全交给网页设计师自由发挥。

使用满屏图片也是近几年网站上流行的做法，确实会带来很大的视觉冲击力。但在决定采用这种方式之前，必须考虑：图片本身是否就有一定的信息量，能否说明公司或产品方面的优点？如果不能，最好将图片作为背景，或者只放在一侧，然后配上必要的文字说明，尽可能做到一个屏幕内就能至少说清楚一个重点，以免买家必须滑动一两次才能看全一段自己关心的内容。

网站众多内容页中所选用的图片质量至关重要，这些图片毕竟不只是做装饰用的，还肩负着配合文本内容、传达信息的任务，因此需要兼顾“真实感”和“美感”。如果面临取舍，则“真实感”的重要性略高于“美感”。如果你要放的是产品图片，它的目的就是代替产品实物的展示，就算做不到让买家“所见即所得”，也不能让他一看就觉得完全没有参考价值；如果你要放的是企业图片，它的目的就是代替买家的实地考察，让他能在线参观我们的公司。无论何者，都是希望获得买家的“信任”，而“信任”只能建立在“真实”的基础之上。在满足这一点的前提下，我们才需要尽可能地提高图片的美感，让人观感愉悦，至少不要让人看了图片反而觉得反感、没有购买欲望。如果追求图片美感的同时丧失了真实感，以至于让买家感到“不可信”，就是本末倒置。

图片贵精不贵多，在挑选图片的时候，必须非常清楚每一张图片要表达的是什么，并且与广告内容、页面排版相适应。页面上堆砌了许多张画质模糊、目的不明或背景杂乱的图片，相比整个页面上一张图片都没有，更是一场劝退买家的灾难。

二、搜索引擎友好

我们可以先粗浅地了解一下搜索引擎发现和抓取页面的方式：

搜索引擎通过一种自动提取网页的程序来发现页面，这种程序也被称为搜索引擎蜘蛛或机器人。它访问页面时就与普通用户使用的浏览器类似，搜索引擎蜘蛛向页面发出访问请求、页面返回 html 代码、搜索引擎蜘蛛再将代码存入原始页面数据库。

为了抓取更多的页面，搜索引擎蜘蛛会自动跟踪已访问的页面上的链接，不断从这个页面“爬”到另一个页面。因为整个互联网就是由相互链接的各种网页构成的，理论上，只要搜索引擎蜘蛛从任何一个页面开始爬行，最终都能爬完互联网中的所有页面。实际上，当网页数量早已呈指数级增长的时候，要真正实现这一点难于登天。

2008 年 7 月，Google 官方宣布其收录的网页已经超过一万亿；2014 年，这个数字突破三十万亿；而这还只是已经被收录的网页数量，互联网中实际存在的网页数量只会更加惊人。Lawrence 和 Giles 的研究更直接地表明，没有哪个搜索引擎能够索引超出 16% 的互联网上的网页，即使能够提取全部页面，也没有足够的空间来存储。现在搜索引擎蜘蛛面临的真正难题，就是如何在更少的时间内更多地获取高质量页面，把资源用在刀刃上。

在搜索引擎蜘蛛发现和抓取了新页面之后，这些原始的页面也不能直接用于查询排名处理，而是要先进行“预处理”或者叫“索引”。搜索引擎在这一环节要对网页做的处理包括：提取文字、去重、消除噪声、链接关系计算、质量判断等。当这一切都准备妥当，用户输入搜索词时，排名程序就能根据预处理后的索引库数据，迅速地完成计算，实时生成搜索结果页面。

现在，我们可以清楚地了解到：不是所有网页做出来都一定会显示在搜索结果里，每个搜索引擎所收录的页面都是有限的。虽然用户在实际搜索时，生成搜索页面和排名结果只是一瞬间的事，但在这之前，搜索引擎是需要花时间去发现新页面和进行预处理的，只有先做完这些工作，这些处理后的页面才能被排名程序调用。

我们要做的就是，使网站更加易于被搜索引擎发现和处理，降低搜索引擎遇到我们网站时的工作难度，并更准确地理解页面内容。我们应当在满足用户体验的前提下，尽可能地遵从搜索引擎的规则。从网站架构设计的角度来说，应包括以下几点：

1. 页面易于被抓取

一个网站上权重最高的是首页，而权重是会随页面链接传递的。离首页点击距离越近的页面，权重就相对较高。良好的链接结构可以使网站的权重被合理分配，使更多的页面有机会被搜索引擎收录。

一方面，整个网站里不能有层次过深的页面，最多从首页点击 4 ~ 5 次，就应该能打开任何一个页面；另一方面，对于特别重要的页面，比如某款主打产品，可以在首页上专做一个快速链接，不一定要按产品目录逻辑藏在三级、四级目录下。

2. 内容易于被读取

最易于被搜索引擎蜘蛛读取的就是简洁的 html 文件，网页上使用的链接也最好都是标准的 html 链接。可能有很多网站会为了追求华丽的视觉效果，大量使用 Flash 动画做页面装饰、使用 JavaScript 脚本生成导航系统等，但是这都不利于搜索引擎蜘蛛的爬行，因为搜索引擎蜘蛛是很难读取 Flash 文件、JavaScript 脚本、图片和视频中的内容的。

有些做法极端的网站，可能网站的整个首页就是一个巨大的 Flash 文件；点进内页后，导航栏和左侧列表又是 Flash 文件。那么，再看看正文是怎样的？结果正文内容就是在一整张图片上的（大概是想防止别人复制抄袭），没有任何可以被索引的文本内容。整个网站里，搜索引擎蜘蛛能读到的恐怕就只剩下页脚的那一行版权声明了。这种网站也许视觉效果做得还颇为华丽，却对搜索引擎太不友好，被收录的可能性极低，更不要说获得高的流量。

为了保证搜索引擎蜘蛛能更加轻松地读取页面内容，建议大家尽可能地把网站做成最标准的 html 版本。虽然近几年搜索引擎都在努力尝试读取 Flash、JavaScript 脚本中的有效内容，但从性价比上看，与其额外费力气去研究怎么让这些文件被搜索引擎读取，不如直接采用最简单的办法，而且利用 CSS 也完全可以做出非常丰富的视觉效果，没有必要非得用 Flash 和 JavaScript 脚本。如果一定要用，尽量不要占太大的比重，像图片一样作为页面点缀即可，重要的信息一定要以文本形式呈现在页面的重要部分，避免对搜索引擎读取页面内容造成影响。

3. 移动设备可用性高

现在，移动设备搜索的流量已经远远超过 PC 端的搜索流量，而且差距只会越来越大。做广告页面时，必须更多地考虑页面在移动设备上打开时，是否依然能保证良好的用户体验。搜索引擎同样重视这一点，因此它也会优先显示有移动版本的网站。如果我们的网站没有适合移动端的版本，那么网站在移动设备上的搜索结果里也不会有好的排名。

要做移动版本，有以下两种方式：

一是在独立的 URL 上另做一套专门的移动版本，其内容和 PC 版本一一对应。不过这种方法比较麻烦，需要在对应的页面之间一一做好转向设置，或者用 meta 标签、Sitemap 来标明对应关系。在这个过程中很容易出错，尤其是对于页面数多的网站，而一旦出错就会导致抓取和显示的异常。

二是不需要新的 URL，而是网站程序自动检测访问设备的类型和屏幕尺寸，通过 CSS 自动调整相应的页面宽度和排版，使页面能适合在这台访问设备上被浏览。这种方式通常叫“自适应设计”，也叫“响应式设计”，应该是目前和可预见的未来内最理想的方式，不仅从根本上避免出错，也减少了搜索引擎在检测、抓取、计算上的工作量，还便于网站的日常修改和维护。

三、合理呈现架构和内容

与负责网站制作的各部门明确了上述共同的原则之后，我们开始做具体的页面规划。此时，我们手上应该已经有了清晰的网站架构图，以及相应的文字内容和图片，有了足以支撑一个网站的所有“硬条件”。现在要做的，就是具体规划出这些素材各自应该呈现在什么页面的什么位置。

在理想的情况下，经你规划之后，网页设计和美工就只需要专注于解决纯粹的美感问题，而不需要再额外花费时间考虑排版和页面逻辑。

1. 首页规划

首页的权重一般是整个网站中最高的，也往往成为大多数新访客的着陆页。首页所呈现出来的重点信息和视觉效果，将成为用户们对这个网站的第一印象，直接决定了目标用户是否有意愿继续了解内页的内容。首页的逻辑架构和链接架构是否合理，也影响着搜索引擎蜘蛛能否顺利爬行到更深层次的页面。因此，针对首页设计，网站策划人员至少需要在以下几个方面考虑周全：

（1）首页横幅（Banner）的主题

首页横幅位于网站首页上方最醒目的位置，利用图片、文字和动态效果将信息推送给访客。一般来说，能出现在这里的就应该是整个网站最重要、最吸引人的信息。对于策划人员来说，需要基于已经确定的网站主题和营销对象，想好在首页横幅应该放什么内容，并认真构思如何完成首页横幅的呈现。

第一，横幅的展示主题。如果是已经相当有品牌影响力的企业，许多客户就是直接搜索品牌名称来访问企业网站，横幅的展示主题可以自由一些，比如紧紧跟随公司的最新动态，推荐新产品、宣传展会信息等都没问题，如图 7－1 所示。

图 7－1　某手机公司网站利用首页横幅推广重要的新产品

更常见的情况是，名气不大的中小企业，做网站的目的就是为了推广，可以假设初次访问网站的客户之前都是不知道这家企业的，只是在寻找需要的产品时偶然点击进来而已。显然，他们现在对产品的关心要远胜于对企业的关心，而首页横幅最重要的目的，就是让这些新访客在最短的时间里明白——自己找对了。

对于这种情况，图 7－2 就是一个非常典型的例子。作为一个卖饮水机的公司，首页横幅的左侧直观地展示了一张饮水机的应用场景图，右侧则更加言简意赅地用一句“我们是饮水机、饮水喷头和灌装系统领域的专家”讲清了自己的业务范围。即使是新访客，不需要多费哪怕一秒的时间就能判断这个网站、这家公司是不是自己要找的。

图7－2　某饮水机公司网站利用首页横幅介绍主要业务

对于大多数中小企业的营销网站而言，最优的选择就是在首页横幅上以最简明扼要的方式，讲清楚自己的产品和业务是什么。如果有重要产品或资讯也想在首页上展示，那么可以做多张滚动的横幅，至少把关于主营产品和业务的横幅放在第一张。总之，保证访客进入网站后，在第一眼就可以明白你是干什么的。

这个问题也有很多反面典型。企业如果没有事先明确首页横幅的展示目的，“视觉效果”就很容易成为唯一目的，甚至整个横幅都不展示与产品相关的任何信息。比如横幅图片是一张非常宏观漂亮的公司外景照片，横幅广告语是“质量为本，诚信为先”之类的无论哪个行业都能用的话。这种设计就使得访客必须做额外的点击，才有可能了解到这个公司的主营业务是什么。殊不知就这一个多余动作，无形中阻拦了多少有效的访问。

第二，横幅的设计和内容构思。当然，这项工作也不一定需要策划人员来完成。只要讲明主题、写好广告语，剩下的都交给设计师自由发挥，一般不会有大问题。如果你对这个网站的要求比较高，或者你正面临的是产品特别难懂，或产品定位比较特殊的情况，这项工作就必不可少。比如你打算做几张横幅？每张横幅的表达重点是什么？各自应该配什么样的图片和广告语……

假设你设计的是一个加工铸铁件的工厂的网站，产品都是按图纸定制的，工厂最大的优势是产能高，最主要的服务行业是混凝土机械配件，最想推广的产品类型是高铬铸铁件。那么，你就需要考虑：首页横幅应该展示工厂产能、产品应用还是高铬铸铁件，还是用三张横幅分别展示这三个方面……

如果想体现产能高，是否可以从工厂那里得到宏观场景的生产车间照片，或产品仓库照片？如果没有条件得到完全符合要求的高质量照片，可以用什么图片来弥补？最直观地让买家知道产量高的方法，又应该写什么广告语来强调……

如果想体现产品应用，应该使用什么样的图片素材？如果直接放混凝土机械配件的照片，从照片上能看得出来这是混凝土机械用的吗？如果直接放混凝土机械的照片，会不会让人第一眼觉得这家公司是卖机械的呢？如果要做到既能体现混凝土机械，又能体现铸铁配件，应该用什么形式来统一……

如果想重点推荐高铬铸铁件，应该在首页上强调哪个方面？是工厂对于高铬铸铁件生产的经验、技术优势，还是高铬铸铁件本身的性能？这个横幅是否需要添加点击跳转功能，直接引导买家查看关于高铬铸铁件的介绍页面……

我们可以看到，这些一看就非常烦琐的问题，每一个都是与产品和市场定位息息相关的。如果不是对产品信息、网站架构把控足够到位的人，可能在横幅设计素材的选择上就会出现偏颇，更不要说细节表现。这些事情显然不是依靠页面设计和美工就能做到的。策划人员需要协助设计和美工人员，在想法的落实上多走几步，多讨论不同方案、多参考其他网站的做法，这样才能得到更理想的效果。

第三，横幅的尺寸。横幅的尺寸会直接影响整个网站的基调，并不是所有网站都适合做得震撼大气，不要一味追求通屏甚至全屏的大横幅。

如果产品本身比较简单、公司规模也比较小，想要用超大尺寸横幅，就应当慎重。为了让页面风格保持一致，如果采用了大尺寸的横幅，网页的宽度、字体的大小、行距和段落间距也往往需要随之调整。最后的结果是，网页上单位面积的信息密度会下降，整体看起来更“空”，有更多的留白，也会让用户在第一眼的视觉吸引过后，迅速发现网站内涵上的空洞和无趣。这一起一落给用户心中带来的不信任感，恐怕早已抵消第一眼的吸引力。

应该说真正适合采用这种超大尺寸横幅的公司网站，对于这两个条件至少应该满足其中之一。要么公司本身规模大、有实力，有价值的营销内容也很多，丰富的内涵足以撑得起视觉的华丽；要么就是产品属于大型的设备或工程项目，因此一个大气的网站本身就与产品气质相符。简而言之，首页的视觉效果应与整个网站的内涵足够匹配，是内涵决定了视觉效果的上限，二者的考虑顺序不能颠倒。

（2）主导航显示

主导航栏通常位于所有页面的最顶部，链接到网站内的各个栏目和页面，是访客在站内寻找信息时最主要的指引。

一般来说，主导航栏上应该放什么栏目，在设计网站信息架构时就已经确定好了。到了页面设计环节，只需要考虑一些形式上的问题。

第一，栏目展示顺序。栏目的展示顺序应当按照重要性的高低排序，并遵从一定的内部逻辑。比如某个导航栏是这样的：

【首页】【产品列表】【关于我们】【应用】【客户案例】【联系我们】

这种顺序，看起来怪怪的，因为【产品列表】【应用】和【客户案例】三个栏目明显是有内在联系的，实质上就是不同形式的产品介绍，而在中间横插一个针对公司概况的【关于我们】，就会产生断裂和突兀的感觉。

如果要调整，可以根据公司情况做相应变动。公司实力比较薄弱的，可以把【关于我们】直接挪到倒数第二个，和【联系我们】放在一起；公司实力比较强的，则可以把【关于我们】往前调到正数第二个，放在【首页】后面。

一般来说，产品列表和公司介绍是最重要的，应放在最前面。与产品或公司情况直接相关的栏目，应当按照新客户了解情况时的自然顺序依次往后排，比如定制服务、客户案例、行业应用等。而合作伙伴、寻找经销商、资料下载之类的栏目，原本就不急着让买家第一时间了解的，都可以往后放，而且排列顺序也不重要。

第二，灵活使用双导航。有的时候，我们可能会遇到导航栏目比较多的情况，全部排在主导航上显得非常拥挤，而且不利于突出真正重要的栏目。

要解决这个问题，最直接有效的办法就是使用双导航，在主导航上保留几个重点栏目，其他相对不重要的栏目通通挪到不起眼的副导航上。如图 7－3 所示。

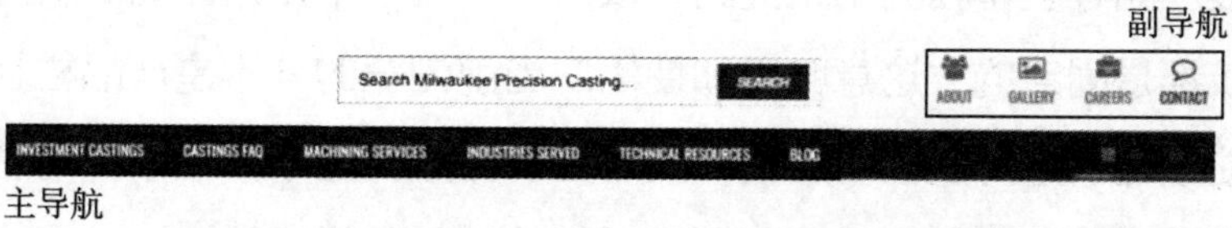

图 7－3　某压铸件制造公司网站的双导航设计参考

这是一家制造精密铸件的公司，在主导航上集中展示了客户最关心的几个栏目：Investment Castings（即熔模铸件，可能由于这种工艺比较特殊，工艺本身就是重要的卖点，因此整个产品栏目都直接用产品工艺名称，而不是通用的 Products 来命名）、Castings FAQ（关于铸件的常见问题）、Machining Services（机加工服务）、Industries Served（服务行业）、Technical Resources（技术资源）、Blog（博客，实际上也是技术知识）。

从栏目名称和顺序就可以看到，这家公司的主导航的展示重点非常突出，高度集中在业务范围和专业经验两方面。至于其他栏目，包括公司介绍和联系方式，全都放在了副导航上。

如果必要，双导航还可以用得更灵活，比如图 7－4 这家卖金属材料的公司。

图 7－4　某金属材料公司网站的双导航设计参考

大概是由于产品类别比较多，也比较重要，于是这家公司干脆把整个主导航都挪到左侧，而顶部位置直接展示各种产品类别，相当于把整个二级产品导航单独列出来提到一级。这个网站中无论左侧导航还是顶部导航都是固定的，这意味着即使用户当前浏览的并不是产品栏目，也随时能通过顶部导航查看任何一类产品。比如在这张截图中，笔者实际点击的就是公司介绍页面，但顶部导航依然是各类产品。

值得注意的是，这个专门链接各类产品的副导航也设置得很灵活。前五类 Tubing、Pipe、Bar rod wire、Plate、Sheet 都是不同的材料形状，但后面两项中，Aerospace extrusions 专门介绍了针对航天应用的挤出型材产品，Certifications 展示了各项资质证书和产品技术数据，可以推测应该都是公司特别有优势的方面。最关键的是，这两方面的内容本身也都与产品直接相关，符合买家了解产品时的需求和行为习惯。因此，设计者并没有完全拘泥于“按形状分类”的逻辑，把这两项也一起排在了产品类目的后面。

第三，下拉列表。下拉列表，即鼠标移动到主导航的某个栏目上时，在该栏目下方自动滑出的详细列表。

在设计页面时，我们对于下拉列表需要考虑的问题只有一个，就是哪些栏目应该显示下拉列表、应该显示到几级。

这和最初信息架构的设计思路有密切关系。比如笔者曾提到过，如果卖的是标准品，往往要做详细的下拉列表，直接展示到三级目录，方便买家点击和浏览；如果根本没有标准型号，产品主要是定制的，那么下拉列表只需要展示大类即可，甚至完全不需要做下拉列表。

从最根本的道理上说，下拉列表的设计目的是使买家更方便、快捷地找到自己需要的产品。因此，到底要不要做、要详细到什么程度，取决于买家是否容易理解你的列表。越是标准的、通用的产品分类和名称，越适合给买家详细展示；越是没有统一标准的，或者你没有把握的产品分类和名称，就越是要藏起来，不能一下子全部摆出来，而要引导买家逐步地了解，以免一开始就给买家太多迷惑性的信息。如图 7 – 5 至图 7 – 7 所示。

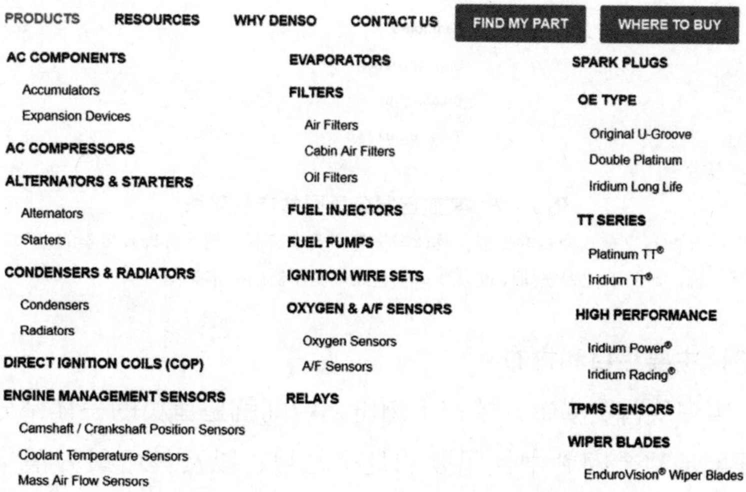

图 7 – 5　某汽车配件公司网站产品列表

（标准产品，产品类目多，产品下拉列表直接展示到三级）

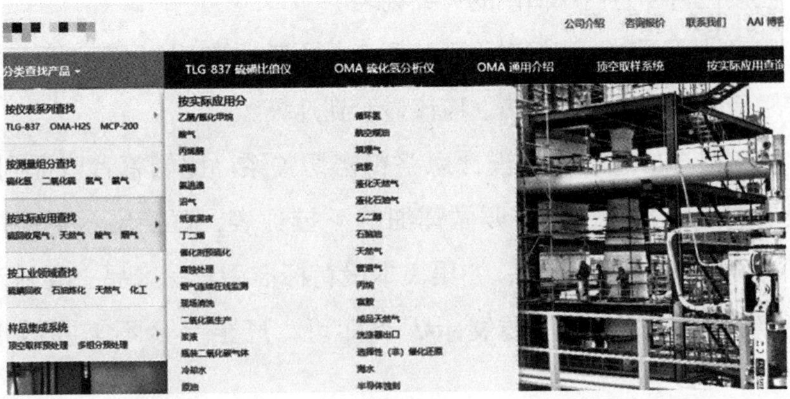

图 7－6　某化学分析仪器公司网站产品列表

（产品类目极多、专业性强，因此产品下拉列表不仅直接展示到三级，还采用了矩阵结构，从不同角度引导买家查找自己需要的产品）

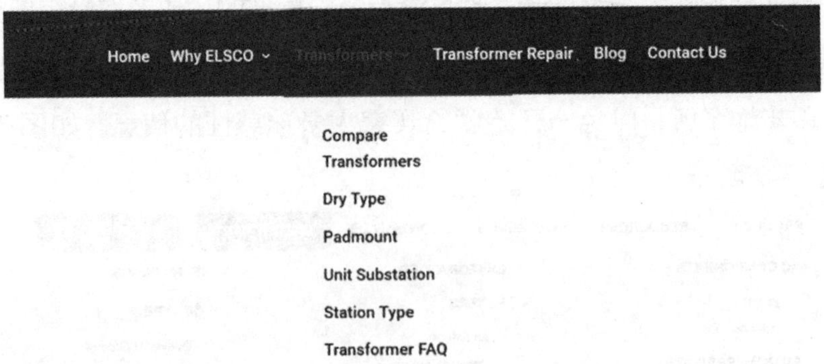

图 7－7　某变压器公司网站产品列表

（产品只有几种基本类型，具体需按客户要求定制，没有可以直接卖的标准型号，因此产品下拉列表同样也只展示了这几个变压器的基本类型）

(3) 主要栏目和排布

当用户从首页横幅开始往下浏览，中间就是首页的主体部分，往往需要展示整个网站中最重要的几个栏目，以及其中最为精华的内容。这部分的灵活性也是最高的，不同网站各有各的风格和想法，设计方式千差万别。因此，从色彩运用到排版布局，都不必给设计师太多限制。

不过，页面设计师能解决的依然是呈现形式上的问题，应该由你告诉设计师应该在首页上放什么内容。其中，需要你考虑的可能包括以下几项：

①首页上应该放哪些栏目?

②这些栏目各自的展示目的是什么？为什么用户应该最先看到这些内容?

③各个栏目之间是相对独立的，还是有逻辑联系？如果有联系，要如何体现这种联系?

④应该选取这些栏目中的哪部分内容放在首页上?

⑤如果选不到合适的、概括性足够强的内容，是否需要重新写一段摘要?

⑥为了更好地达到展示目的，还可能找到哪些多媒体素材（照片、视频、动画等)?

……

当然，直接根据主要栏目来设计首页上的展示模块，也只是最常规、最基本的设计思路。当产品和公司情况特殊，我们可以采用更加灵活、更加综合的方式来进行首页设计。

下面是 4 个示例，它们各自采取了完全不同的设计思路。

首页示例图 7 - 8 就是中规中矩的设计方式，整个页面被划分为清晰分明的几个模块，分别展示这家公司的加工设备、原材料、服务行业。这家公司本身的业务就是定制金属加工服务，买家最关心的问题也是这几个方面。放置模块化设计的多个栏目，既能集中展示有效信息，又使买家易于浏览。

首页示例图 7 - 9 则明显不同，这家公司的产品是剪草机刀片，属于剪草机的易损配件，刀片的形状和尺寸取决于所适配的剪草机的类型、品牌和型号。对于这类工艺简单、价格低廉、种类又非常丰富的产品，适合采用开门见山的设计形式，在首页上直接展示产品列表。

首页示例图 7 – 10 和示例图 7 – 11 的设计思路更加创新。这两家公司都是做定制品的，首页设计上基本看不到“产品”层面的概念，而是各自展示在生产和加工上的优势。

图 7 – 10 是卖工程塑料的，首页依次展示了三个部分的内容：第一部分是在横幅上点明自己是做什么的，并把公司最大的优势用几个数据直观地体现出来；第二部分是这些工程塑料的主要应用领域，对应买家的需求；第三部分也是篇幅最大的部分，介绍了整个定制流程，包括前期咨询和设计、制图、精密加工、质量控制、成品交货，并强调了自己在每一环节的优势。这个首页完全可以看作是一篇精华版的公司业务介绍，各个模块联系紧密、论证充分，买家仅通过首页就能了解到足够多的关键信息。

图 7 – 11 是卖剪刀、剃刀等刀具的工厂，整个首页设计都在尽力聚焦和突出一个重点——工艺。首页横幅就是一个循环播放的视频，拍的全是刀具加工的细节特写；横幅下面是对业务范围和工厂情况的简要介绍；紧接着向买家强调自己最重要的几个优势（技术强、质量可靠、工匠精神）；最后引导买家查看不同刀具的加工过程。每个模块的内容和视觉设计，都在彰显产品的细节质量，以及工厂对质量的追求。

仅凭这几个例子远远不能概括首页设计的可能性。但可以看出，无论针对的是什么产品、采用什么设计风格，优秀的首页设计都有一个共同点，那就是对整个网站营销思路做了高度贯彻和集中体现。虽然营销思路就是策划人员自己设计的，但首页设计可说是对营销思路的一次“精加工”，需要我们投入更多的巧思，才能得到出色的成品。

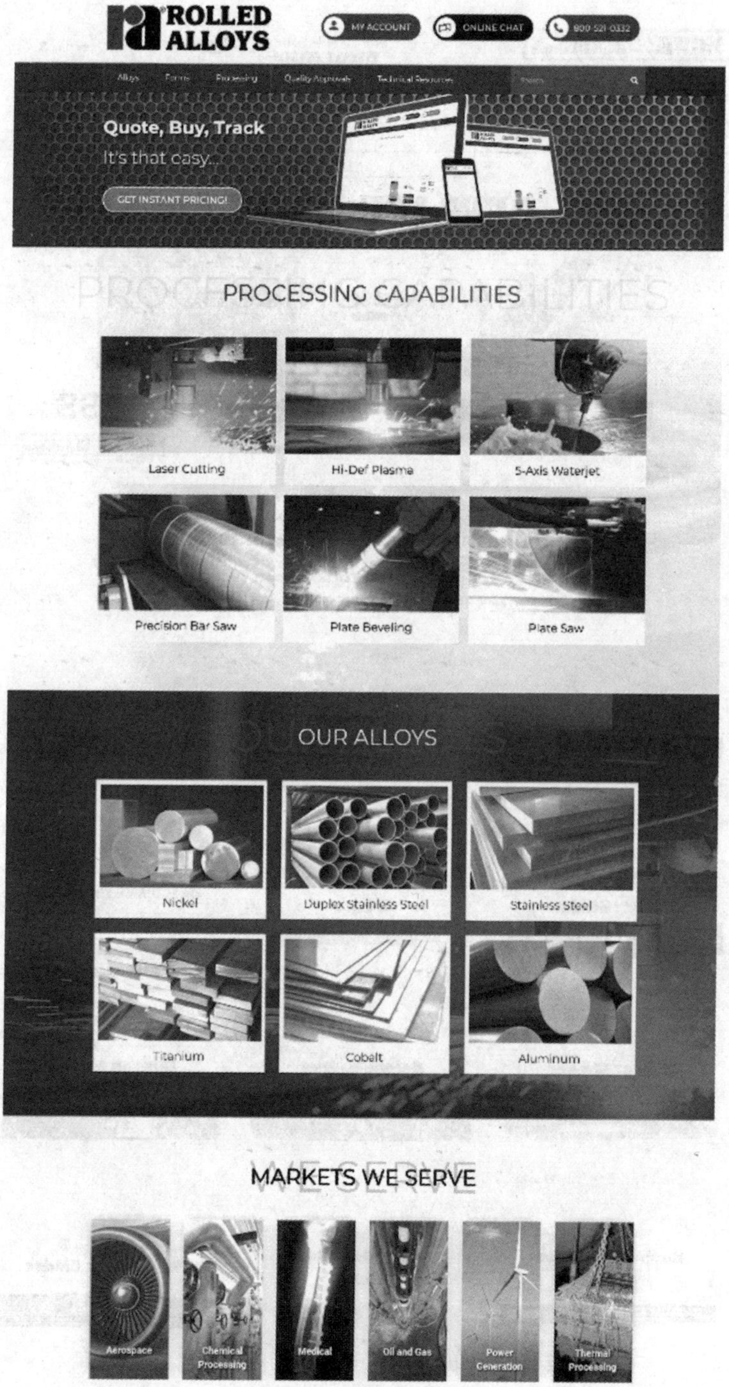
ROLLED ALLOYS
MY ACCOUNT
ONLINE CHAT
Quote, Buy, Track
It's that easy...
GET INSTANT PRICING!
PROCESSING CAPABILITIES
Laser Cutting
Hi-Def Plasma
5-Axis Waterjet
Precision Bar Saw
Plate Beveling
Plate Saw
OUR ALLOYS
Nickel
Duplex Stainless Steel
Stainless Steel
Titanium
Cobalt
Aluminum
MARKETS WE SERVE
Aerospace
Chemical Processing
Medical
Oil and Gas
Power Generation
Thermal Processing

图7-8　首页示例1

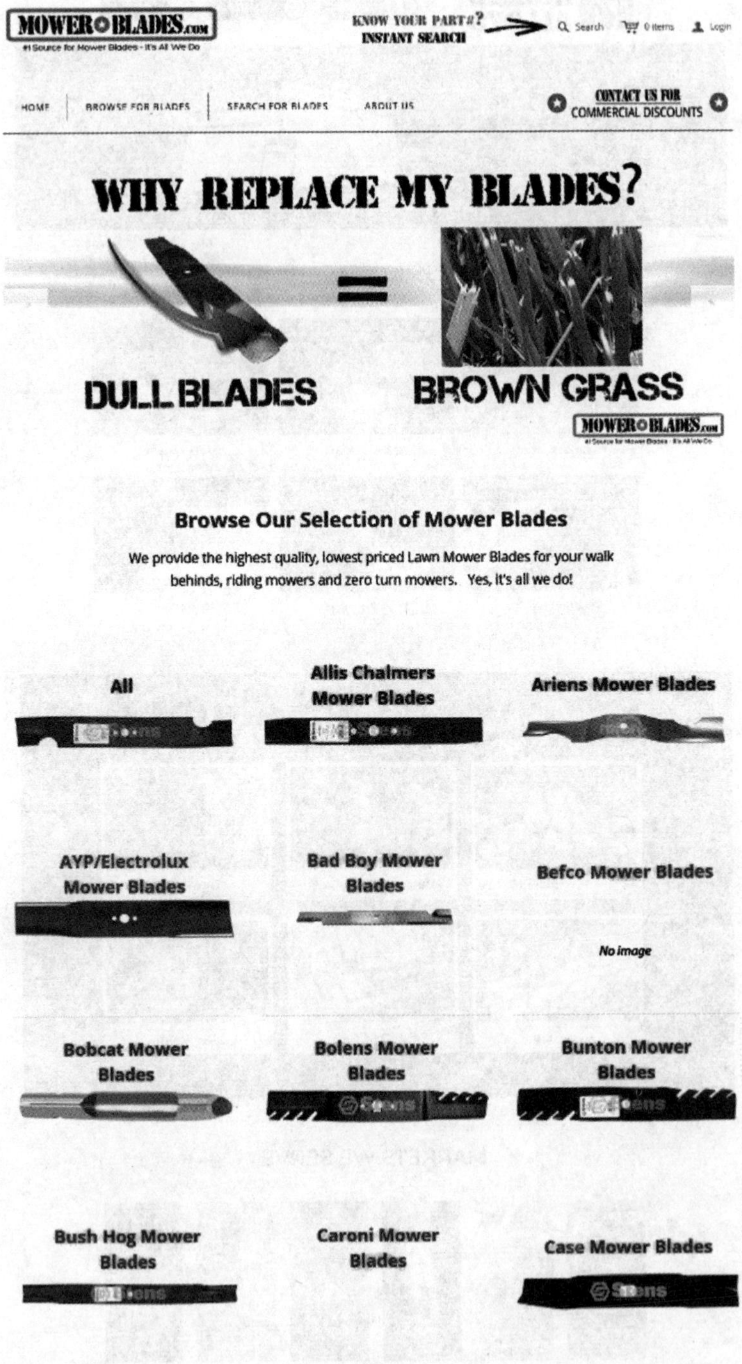
MOWER BLADES.com
#1 Source for Mower Blades - It's All We Do
KNOW YOUR PART#? INSTANT SEARCH
Search
0 items
Login
HOME
BROWSE FOR BLADES
SEARCH FOR BLADES
ABOUT US
CONTACT US FOR COMMERCIAL DISCOUNTS
WHY REPLACE MY BLADES?
=
DULL BLADES
BROWN GRASS
Browse Our Selection of Mower Blades
We provide the highest quality, lowest priced Lawn Mower Blades for your walk behinds, riding mowers and zero turn mowers. Yes, it's all we do!
All
Allis Chalmers Mower Blades
Ariens Mower Blades
AYP/Electrolux Mower Blades
Bad Boy Mower Blades
Befco Mower Blades
No image
Bobcat Mower Blades
Bolens Mower Blades
Bunton Mower Blades
Bush Hog Mower Blades
Caroni Mower Blades
Case Mower Blades

图7-9　首页示例2

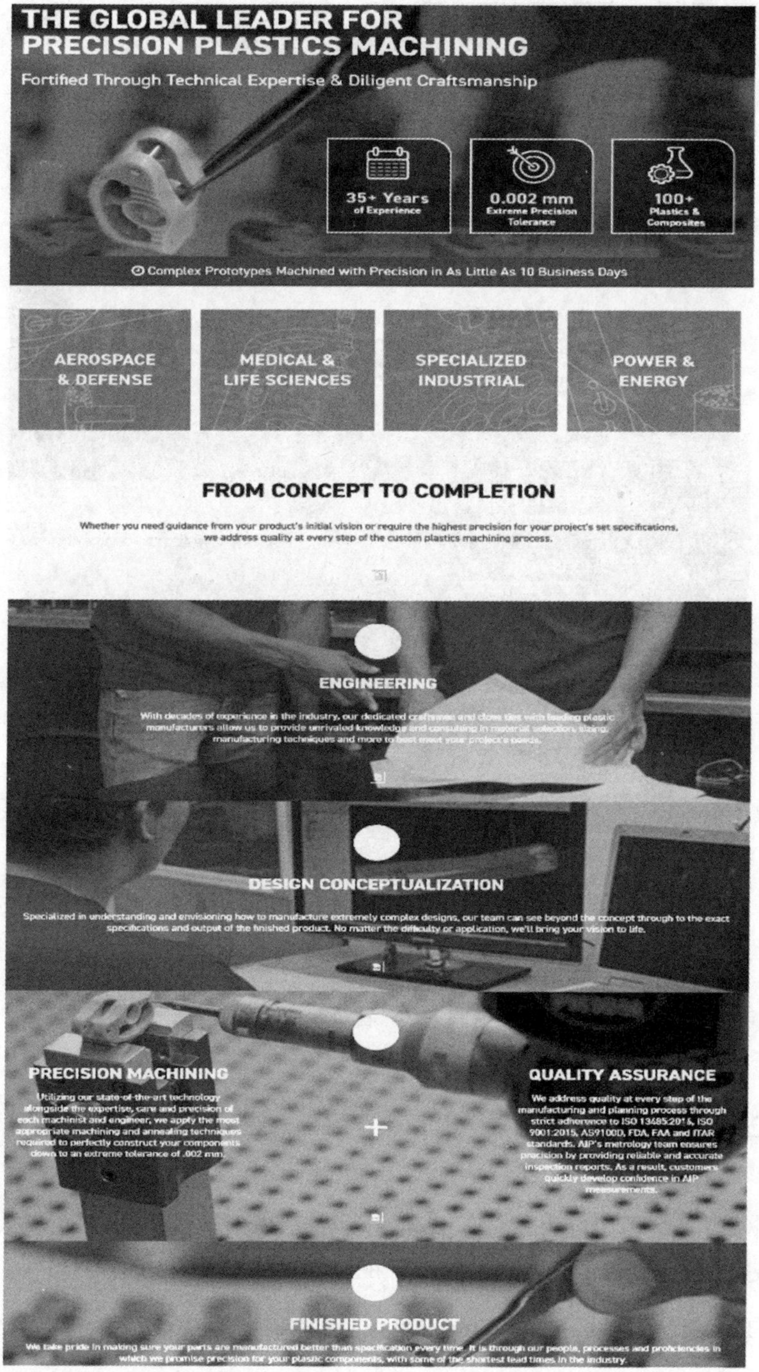
THE GLOBAL LEADER FOR
PRECISION PLASTICS MACHINING
Fortified Through Technical Expertise & Diligent Craftsmanship
35+ Years
of Experience
0.002 mm
Extreme Precision Tolerance
100+
Plastics & Composites
Complex Prototypes Machined with Precision in As Little As 10 Business Days
AEROSPACE & DEFENSE
MEDICAL & LIFE SCIENCES
SPECIALIZED INDUSTRIAL
POWER & ENERGY
FROM CONCEPT TO COMPLETION
Whether you need guidance from your product's initial vision or require the highest precision for your project's set specifications, we address quality at every step of the custom plastics machining process.
ENGINEERING
With decades of experience in the industry, our dedicated craftsmen and close ties with leading plastic manufacturers allow us to provide unrivaled knowledge and consulting in material selection, sizing, manufacturing techniques and more to best meet your project's needs.
DESIGN CONCEPTUALIZATION
Specialized in understanding and envisioning how to manufacture extremely complex designs, our team can see beyond the concept through to the exact specifications and output of the finished product. No matter the difficulty or application, we'll bring your vision to life.
PRECISION MACHINING
Utilizing our state-of-the-art technology alongside the expertise, care and precision of each machinist and engineer, we apply the most appropriate machining and annealing techniques required to perfectly construct your components down to an extreme tolerance of .002 mm.
QUALITY ASSURANCE
We address quality at every step of the manufacturing and planning process through strict adherence to ISO 13485:2016, ISO 9001:2015, AS9100D, FDA, FAA and ITAR standards. AIP's metrology team ensures precision by providing reliable and accurate inspection reports. As a result, customers quickly develop confidence in AIP measurements.
FINISHED PRODUCT
We take pride in making sure your parts are manufactured better than specification every time. It is through our people, processes and proficiencies in which we promise precision for your plastic components, with some of the shortest lead times in the industry.

图 7－10　首页示例 3

图 7－11　首页示例 4

2. 枢纽页规划

网站上所有页面都是由文本和链接构成的，根据一个网页中文本或链接的占比不同，所有页面都可以被分为两类：内容页和枢纽页。内容页主要由文本构成，目的是给用户提供信息，也就是我们常说的网站“内页”；枢纽页则主要由指向其他页面的链接构成，目的是引导用户去找自己想看的内容页，如所有导航页、栏目页、目录页等。其中，最重要的枢纽页莫过于产品目录页，因为这既是用户浏览最多的部分，又是整个网站中结构最复杂、层次最深的部分。

显然，枢纽页的设计是否合理，会直接影响用户体验，甚至决定用户到底会不会如你所愿——点击内容页。枢纽页上信息太多或信息太少，都会给用户的浏览带来不小的阻碍。比如有的网站，某个分类下的产品有上千个，但一个页面上就只展示了 10 个产品，于是这一个产品目录页就做了几十个翻页。姑且不论其产品分类是不是存在问题，这种页面设计对用户就是极其不友好的，给用户增加了许多不必要的操作。还有的网站，产品目录页上只放了子类产品的图片和型号名称，但他们卖的是机械设备，不同产品主要是参数和性能不同；图片上产品的外观都差不多，型号名又都是自己技术部门命名的，看不出含义。用户如果想要判断某款产品适不适合自己，就得把这些内页一个个点开看。这种目录页面也是非常典型的完全没考虑用户体验，也就起不到作为一个枢纽页应有的引导作用。令人遗憾的是，如果在百度上任意搜索一个产品名，哪怕是排在前两页的公司，十个里有八个产品目录页都是千篇一律的设计。如图 7－12 所示。

图 7－12　某国内设备公司网站

（重复的产品名称，意义不明确的型号名称，难以比较的产品外观图）

一个合格的枢纽页，至少应当满足以下要求：

❖对每个子页面的展示信息足够“多”，使用户不必点击内页，就能大致判断其区别。

❖对每个子页面的展示信息足够“少”，使用户尽可能迅速地完成浏览和比较。

❖页面上有必要的概述或引导，且对用户下一步的浏览有实际帮助。

基于这些要求，在面对不同的栏目、不同类型的产品时，其枢纽页面的结构应该是按需定制、千变万化的。下面笔者仅以其中比较典型的几种做比较和分析。

(1) 大类信息为主

当子类产品之间差异点不多时，产品目录页的介绍重点往往就在这一大类产品的共同特点上，而对于子类产品只需集中展示差异部分即可。比如图 7 - 13 这家卖叉车的公司，产品目录页最开头就是一段对所

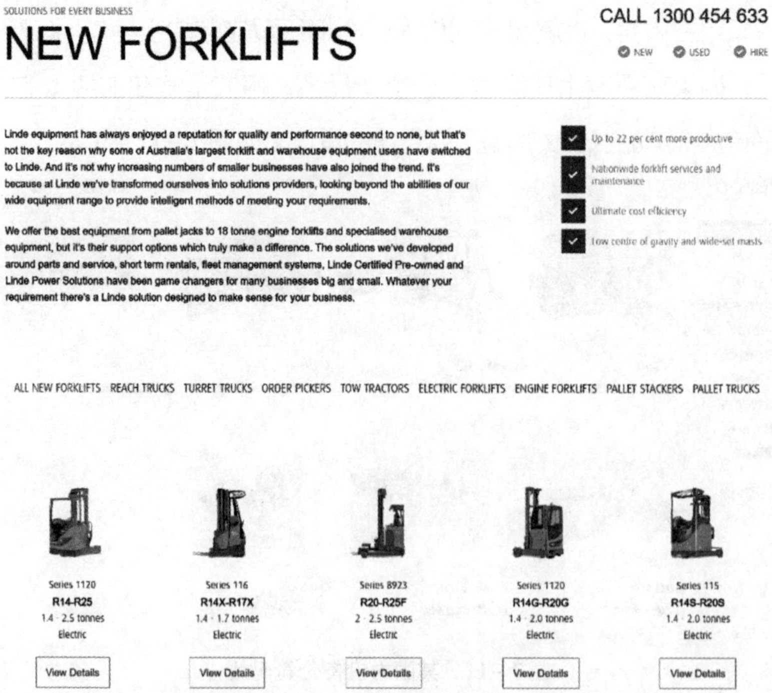

图 7 - 13　某叉车公司网站产品目录页

有叉车产品的导语，介绍自己所提供的叉车有多么齐全，又是如何为用户提供智能仓储解决方案的，右侧则列出了四条最主要的产品优势。底下的子类产品展示部分非常简洁，只列出了每个型号叉车的图片、承载能力、动力类型，这也正是买家筛选产品时最先了解的内容。整个目录页逻辑清晰、排版干净，易于买家的浏览和选择。

（2）小类信息为主

还有一种产品目录页的设计方式也很常见，就是大类介绍一带而过，重点全部放在子类上。这种情况下，子类产品之间往往差异较大，需要用精练的语言来做目录页的描述，让买家迅速了解各自的特点。必要时，产品目录页的描述应由文案人员单独撰写。

图 7－14 是比较典型的例子。横幅大图暗合了产品的应用范围，然后用两三句话概括了自己在这类产品上的优势，子类产品的介绍则采用图文对应的左右结构。

图 7－14　某汽车配件公司网站二级产品目录页

图 7－15 就更加灵活，而且把“集中展示差异”这个原则贯彻得非常好。他们是卖金属材料的，这种产品比较特殊，只有参数和性能比较有意义，产品外观和形状没什么意义。如果还采用“产品图片＋产品说明”的常规做法，明显不合理（然而现在国内很多金属材料厂的网站，用的就是这种方式）。

因此，这家公司在产品目录页上直接取消了产品图片，而采用表格形式来集中展示不同材料的库存规格（Specifications）和形状，使买家一目了然。同时，由于买家对这种产品往往是大批量采购，在充分了解工厂信息之前不会直接下单，这家公司在所有产品页面的右侧都摆了一张简明的询盘表。他们把网站营销目的明确为“与用户建立初次联系”。

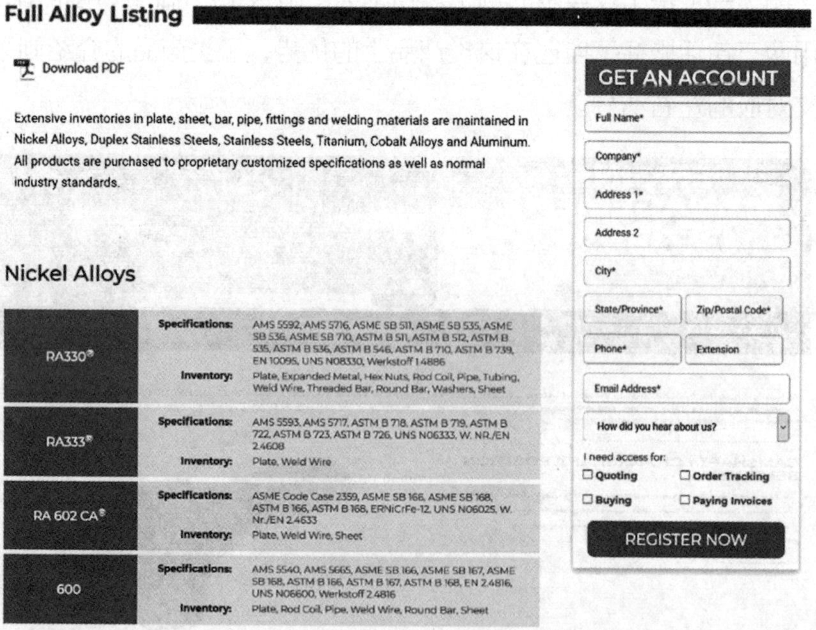

图 7－15　某金属材料公司网站二级产品目录页

（3）快速筛选器

除了以上最常见的两种产品目录页类型，我们还会遇到一种情况，就是这类产品本身可能没有太多需要介绍的，但子类产品却是种类繁多、百花齐放。所以，产品目录页要解决的首要问题，是怎么利用更直观、更多元的方式，来帮助买家筛选产品。

最常见的“筛选器”就是侧面导航。比如图 7－16 这家卖密封条的公司，产品目录页的左侧导航就是一个快速筛选器，把数量众多的密封条产品按照应用（Application）、行业（Industry）、密封类型（Seal Type）三种方式做了分类，买家只需点击自己想查看的类别，右侧就会显示对应的、不同的子类产品结果。

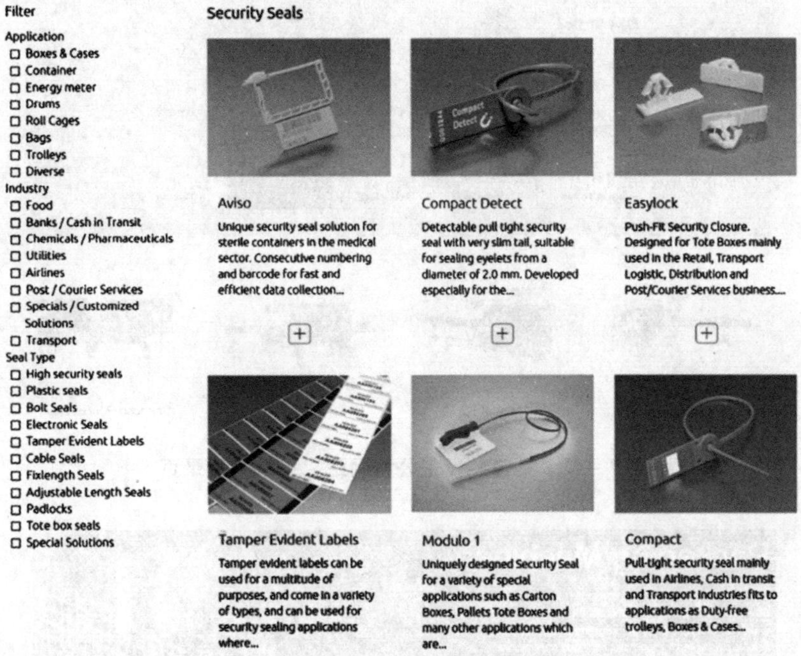

图 7－16　某 RFID 标签公司网站二级产品目录页

“筛选器”还可以做各种灵活的设计。比如图 7－17 这家卖包装机械的公司，在“卧式包装机”这个产品大类下还有数十种型号，为了方便买家选择，根据包装袋的不同形状做了一个筛选器。买家只需要点击自己想做的包装袋的具体袋型，底部就会自动推荐出适用这种袋型的包装设备。

这家公司善于利用图标设计，使买家更直观地理解产品分类。比如

图7－17的“卧式包装机”的产品目录页，设计师画出了不同袋型的示意图，还有图7－18的“包装机械”的总目录页，设计师也画出了“卧式包装机”“立式包装机”“包装生产线”“多头秤”的原理示意图。每个细节设计上，都尽可能使用户更容易地获取关键信息。

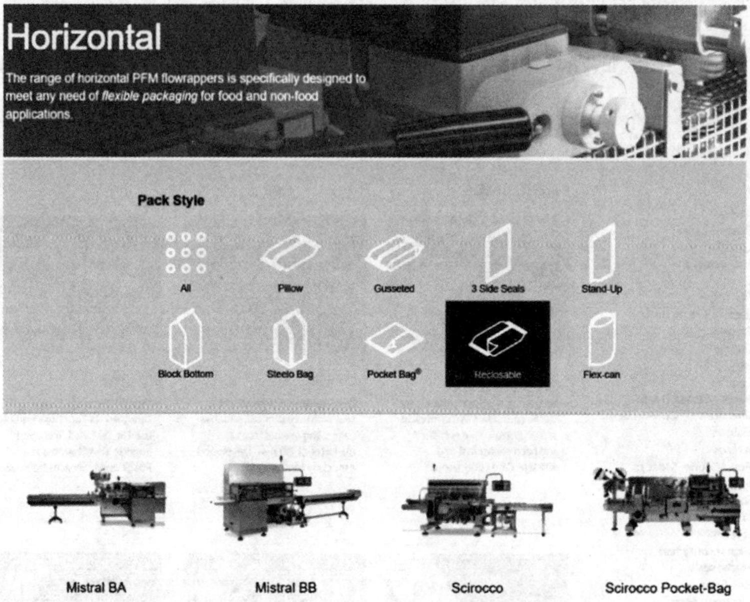

图7－17　某包装设备公司网站二级产品目录页

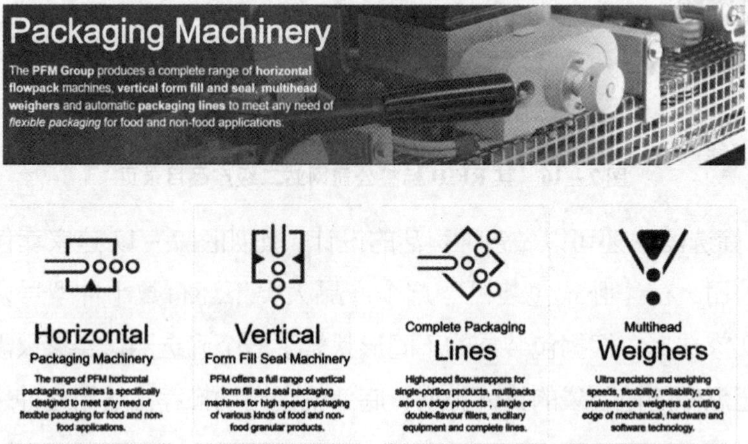

图7－18　某包装设备公司网站产品目录页

3. 内页规划

网站内页是网站的根本，是用户浏览信息的主要来源，往往是用户停留时间最长的部分。策划人员同样要考虑每个栏目下的内页，其呈现是否合理，能否吸引客户。

一般来说，一个页面在做设计规划时，现有素材越少，越需要出色的设计来弥补。对于大多数内页来说，每个页面该放什么文字、图片，已经是非常丰富和明确的了。只要排版清爽、重点突出，哪怕整个页面都是极简风格、什么设计元素都没有，也不会有问题。因此，比起首页和枢纽页，对内容页的布局规划并不算难，策划人员只需要在一些细节问题稍做选择和把控即可。

按照国内传统的分类方式，网页的布局类型有近十种，如国字型、回字型、拐角型、标题正文型、上下框架型、左右框架型等。从现在互联网的发展情况来看，这些分类方式稍显过时，而且非常烦琐，类型看起来多，不同类型之间的区别无非就是有没有顶部横幅、有没有侧面列表而已。在这里，不再一一介绍这些类型，只列出几个在做内页规划时需要考虑的问题。当这些问题解决了，至于该选择什么布局也就清楚了。

（1）内容模块

首先，需要了解用户浏览网页时的行为习惯。对于用户浏览行为最主要的一种研究方法是视线跟踪（Eye-tracking），即使用特殊的设备跟踪用户视线在指定页面上的浏览数据，并根据浏览顺序、停留位置和停留时间，生成可视化的图像。2005 年 Google 的研究结果显示，用户的浏览行为以逐行扫视为主，页面左上角的关注最多，这个位置因此也被称为“黄金三角”。

随着互联网的兴旺发展，用户的网页浏览模式也在主动做出适应和改变。这反映在随后 2014 年、2019 年的研究结果中，用户逐渐有了非常明显的垂直方向浏览行为，且注视位置更加多变，就像弹珠台上的弹珠那样来回往复地跳来跳去，NN/g 的研究人员把它称为弹珠球浏览模式（Pinball Pattern），如图 7－19 所示。

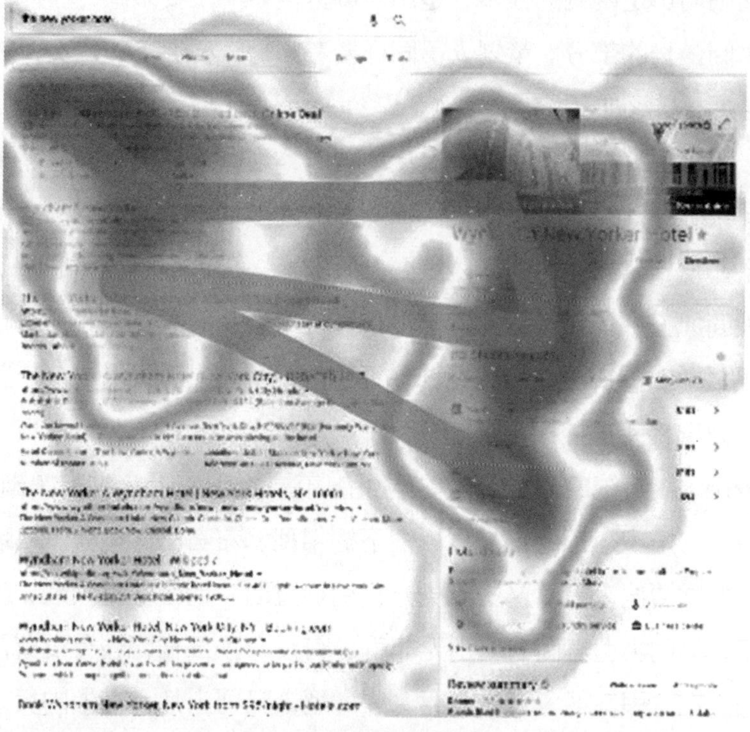

图 7－19　（2019 年）视线跟踪测试结果：弹珠球浏览模式

用户的关注点越来越多变，这显然源于越来越灵活的网页设计布局。一个网站上越是重要、越是高质量的内容页，其信息量越大，所要求的呈现形式也更复杂。一篇普通的产品介绍可能只有一张主图、一段产品描述和一张参数表，而一篇更出色的产品介绍则可能加上实际应用图、细节特写和说明、功能介绍、产品结构图、与同系列其他产品的比较等。

正因为用户浏览行为的变化，反过来要求我们更加注重页面逻辑——把页面上的各个元素进行分类和归置，设计清晰明确的小标题，并以合理的次序和布局呈现出来。我们的目的是，让用户一目了然地理解我们的逻辑和意图，进而一步步引导对方深入了解页面内容。

好消息是，因为用户行为“进化”了，我们不必再像以往那样，完全以页面左上角为唯一的关注点、按 F 形去排布内容；在页面布局和设计上，我们有了更大的空间去发挥创意。所以，我们在布局内容模块时需要注意的点，其实只有以下几个：

❖重要的放前面。其中，“买家关心”和“有证明力”最重要。

❖容易懂的放前面。这里对“容易懂”的定义是，能让陌生用户迅速判断当前产品是干什么的，当前页面是讲什么的。如果遇到了非常难懂又非常重要的内容（比如某种技术创新产品的工作原理），突破口也应该在于怎么把它弄得容易懂，而不是强行往前放。

❖篇幅短的放前面。无论是长篇累牍的产品优势介绍，还是几十行的参数表，都要慎重地放在太靠前的位置，以免用户要往下滑好几下才能看到其他模块的内容——因为他很可能不滑了。如果遇到了非常重要又非常长的内容，可以归纳一个简要精华版放在最前面的产品描述里，或者通过其他设计方式解决，比如笔者即将在下个问题里介绍的选项卡和折叠标签。

❖逻辑上有关系的放一起。比如产品结构图是不是应该和参数表近一点，功能介绍之后是不是刚好可以配几张实际应用图，等等。

（2）选项卡和折叠标签

只有当页面内容量适中的时候，才适合把各个内容模块完全平铺。当一个页面的内容较多，使得整个页面过长时，用户可能滑好几下都看不到下一个模块的内容，容易对页面浏览产生疲惫感。

这种情况下，我们就需要想办法对部分内容做适当的隐藏，使用户在打开页面时，先大致浏览页面的全貌，然后再根据需要查看隐藏内容。常见的方式有以下两种：

第一，选项卡。在页面上设计一个带标签的文本框，当用户点击上侧不同的标签时，下面的文本框里就显示对应的、不同的介绍内容。这就相当于把多个内容集成到一个模块里，通过标签来分类和引导。如图

7－20所示。

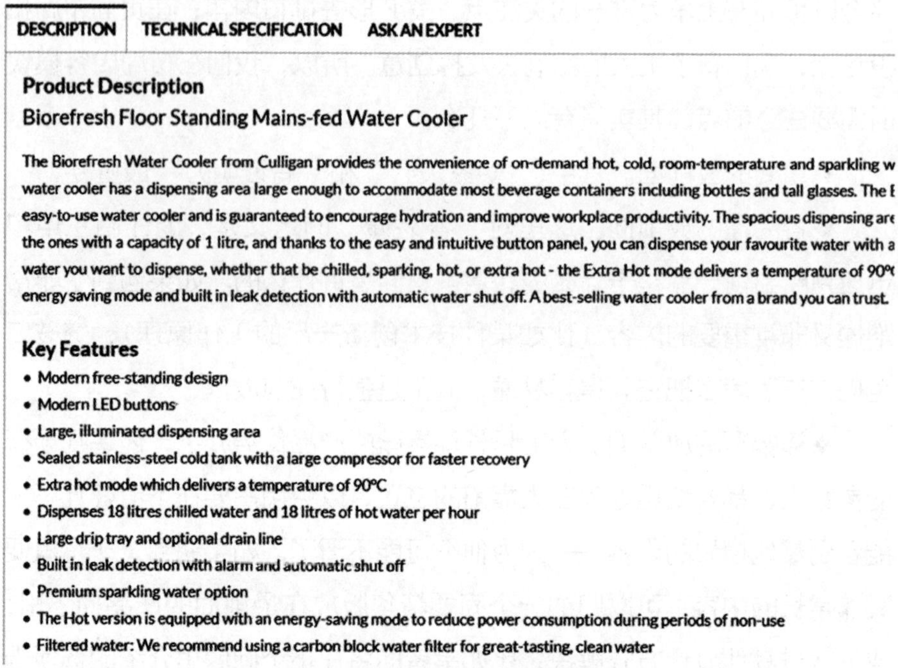

图7－20 选项卡展示方式示意

这种设计在产品内页非常常见，尤其是比较复杂的机械设备，无论是产品特点、功能、应用领域、参数表还是规格图，都有非常多的内容。这时就适合把每一部分的内容做成各自独立的标签，集合到选项卡里。

第二，折叠标签。折叠标签可以看作是竖着的选项卡。同样是先把内容归纳到各个标签中，然后在页面上直接排列展示这些标签。用户点击标签时，其对应的内容就会展示出来。如果用户不想看这部分内容了，也可以随时收起。如图7－21所示。

相比选项卡，折叠标签的缺点在于会占用比较长的页面篇幅；优点是考虑了用户总是先往正下方浏览的习惯，使用户不容易漏看内容。

（3）内页横幅

不是只有首页需要横幅图片。一个与当前栏目内容直接相关的图片，可以更直观地让买家明白这个页面的主题。比如图7－22，这家公

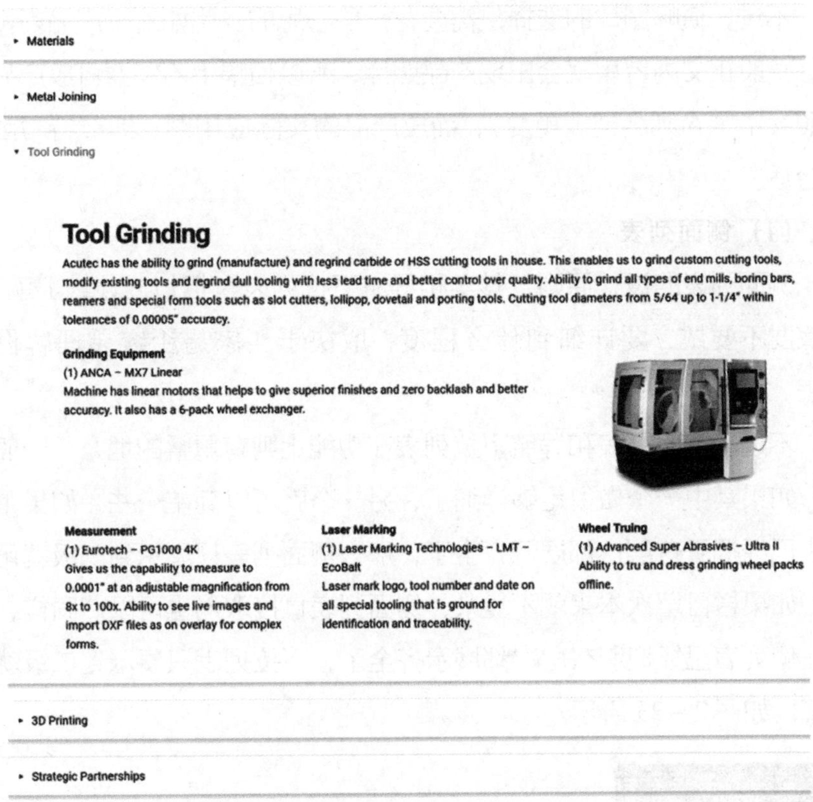

图 7－21　折叠标签展示方式示意

司在拖拉机（Tractor）产品的介绍页面上先放了一张拖拉机的应用场景照片，紧接着介绍公司在拖拉机设计和制造上的优势。

图 7－22　某农业机械公司产品内页横幅

不过，横幅图片的选择是需要花一些心思的。比如对于产品内页来说，一般正文内容里就会出现产品照片，所以横幅上不需要再放产品外观照片了（否则会造成重复），而放产品的实际应用图、细节特写图会更合适。

（4）侧面列表

侧面列表的设计原则，其实和导航下拉列表有相似之处，那就是：到底要不要做、要详细到什么程度，取决于买家是否容易理解你的列表。

不过，侧面列表和导航下拉列表在功能上则有重叠的地方。一般来说，如果其中一个做得足够详细了，另一个就可以简单一些。如果下拉列表已经把所有层次都展示齐全了，那么侧面列表只展示到二级就可以了；如果栏目层次本来就不复杂，侧面列表直接取消也可以。同样，如果左侧列表已经把所有层次都展示齐全了，下拉列表只展示到二级就足够了。如图 7－23 所示。

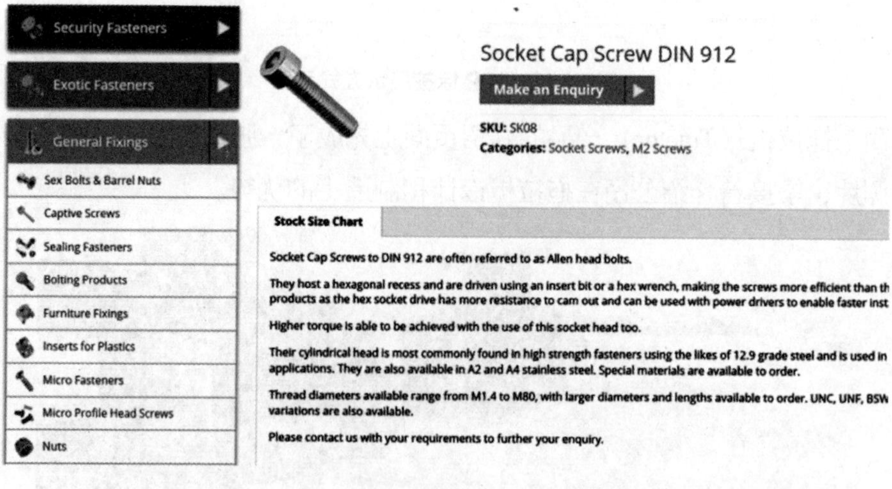

图 7－23　某五金配件公司产品内页列表

根据具体情况要做取舍时，只需要考虑两个方面：侧面列表的好处是它永远在那个位置摆着、随时能看到，而下拉列表必须让用户多做一个动作才能展示出来；侧面列表的坏处是会明显缩减正文部分的篇幅，当正文内容特别多或特别复杂的时候，容易使页面排版显得拥挤，而下拉列表则没有这个问题。

当然，如果产品分类特别复杂，也可以把两个列表都用上，而且可以各自展示不同的内容。比如下拉列表展示几个基本的大类，侧面列表则继续展示这个大类下的三级、四级的详细分类，或者将侧面列表直接做成筛选器，从多个角度来对这个大类下的几百个产品做分类和筛选。如果有必要，还可以在一左一右各加一个侧面列表，一边放当前产品分类，一边放相关产品链接，等等。

（5）内部链接

网站的众多内容页之间并不是完全独立的，而是相互联系甚至相互佐证的。事实上，非常有必要通过合理的内部链接，使不同的内容页有逻辑地联系在一起，使原本只是树状的网站结构进化成网状结构。这样做不仅优化了网站的链接结构，更重要的是，使得用户们无论从哪个页面开始访问网站，都更有可能沿着合理的内部链接网络，高效地探索到更多对他有用的内容。

在这个方面，策划人员可以充分发挥自己的想象力，只要你的引导是合乎用户逻辑的，无论从哪儿链到哪儿在理论上都是可以的。下面笔者列举几个常见的内链思路，仅做参考和启发。

①从任一个产品介绍页面链接到相关产品页面，如图 7－24 所示。

图 7－24　某叉车公司产品页底部链接

②从产品介绍页面，链接到该产品的应用展示/客户案例介绍页面，如图 7－25 所示。

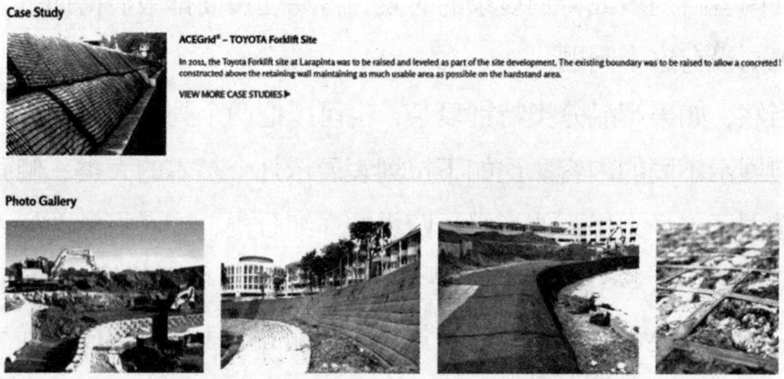

图 7－25　某土工材料公司产品页底部链接

③从行业应用页面链接到适合/推荐用于该行业的产品页面，如图 7－26 所示。

图 7－26　某五金铸件公司网站行业应用栏目

④在产品、行业应用、定制等页面中，添加与工厂情况/公司优势有关的简要介绍，并链接到对应页面，如图 7－27 所示。

图 7－27　某真皮皮具公司网站产品页底部链接

这种做法适合公司实力比产品本身还重要的情况，比如主要做代加工、做产品定制的工厂。如果产品本身是包包、饰品、玩具一类的消费品，工厂只想跟大批量采购的经销商打交道，根本不接三五个的小订单，也可以通过这种方法，在每个产品页面底部都放上工厂情况的介绍，帮助经销商增强对工厂加工能力的信心，同时也向个体消费者表明这里不是零卖东西的地方。

⑤在页面的介绍内容中间，直接用带链接的文字引导到相应页面。这也是隐藏大篇幅内容的常用手段，尤其是参数表格、技术分析文章等，不方便在重要内容页上直接展示出来，但是可以放在别的页面上，只要通过文字链接引导感兴趣的用户查看详情即可。如图 7－28 所示。

4X Vests are sold on a separate page. Click here.
XS Vests are too small to contain an accessory pocket on the front and back, so they lack this feature.
You can download a full spec. sheet about the BulletSafe Vest here.

图 7－28　某防弹衣公司网站产品介绍锚文字

（6）面包屑导航

Home › Dog Products › Material › Plush › Aloha Frog

图 7－29　某毛绒玩具网站产品页面包屑导航

面包屑导航能简单有效地让用户知道自己在什么位置、在看什么内容。如果需要，还可以通过导航上的指示返回到任意一级，以浏览其他内容。

如非特殊情况（比如每个栏目的层次都不超过二级），每个内页最好都要在固定位置上做一个面包屑导航。

对广告网站的页面规划，是一项在细节上很烦琐又非常需要创新能力和整体思维的工作。整个互联网行业在网站设计方面也在不断进步、寻求突破。因此，除了了解这些常规的思路外，策划人员平时也需要养成习惯，多搜索、学习、积累一些优秀的国外同行经验，博览众家之长，以产生更多更有活力的新创意。

后　记

在建构式学习中成长成熟

一

这本书的写作断断续续，前后花了近一年的时间，其间几经波折，以至于我现在回头翻翻已经完工的十万字书稿，还有身在梦中的感觉。

2017 年，我在互联网广告行业开始第一个职业生涯。公司本身不大，但业务和定位很有意思，是专门为中国制造企业做外贸网站的。这家公司之前主要靠多国服务器的系统来保证网站的曝光，靠雇用多语言的人工翻译保证网站的基本质量。在十年前，互联网上竞争还不是很激烈的时候，仅是利用多国网络的理念就足以让网站获得可观的流量、让客户们得到收益，也曾使公司几度辉煌。因此，那时公司还不会在网站架构、营销思路上花太多心思，一般就直接使用客户提供的材料来做网站。

近几年，国外互联网上优秀的广告网站越来越多，优秀的上限也越来越高，Google 对网站质量的要求越来越挑剔，算法也越来越精明，现在无论在哪个行业，质量稍差一些的网站都会迅速被更优秀的淹没。这直接导致公司之前许多客户的广告效果，都在这两年呈现断崖式下跌。

如果想让客户依然能得到预期的广告效果，必须提高网站的质量，要高到能打得过国外的同行。为此，公司不得不组织起“营销策划部”，给每一个合作客户都附赠网站策划服务。营销策划员们需要深入了解客户的产品，学习国外同行网站的优势和特点，为每一个客户量身定做其外贸网站的营销方案，说服客户按照方案要求提供更高质量的营销材料，整理和改写客户的所有营销材料，与翻译、设计、美工和程序员紧密配合以保证最终的网站呈现——也就是第二章至第七章介绍的所有工作内容。

幸运的是，我刚好在这个部门组建之初加入，并在之后的两年多里，我以全部的精力和热情，从事这项充满未知、变革和挑战的“营销策划”工作。直到我离职时，由我负责完成的客户不过一百个出头，但他们来自不同的行业、生产不同的产品，各自的公司规模也相差甚远，从最初的营销思路设计到产品介绍方式，再到最终的网站设计风格，都有着天壤之别。

我第二幸运的是，因为当时我所在的公司在工作作风上比较务实，在市场上路子又比较野，我在工作时也是一张白纸，不知道也不需要考虑其他广告公司的做法是什么样的，完全以领导耳提面命的“要用心写”“要搞懂客户的产品”“买家想看什么你就放什么”这几句最简单的话来指导自己的工作，去研究那些从没听说过的产品。由于一开始并不存在一套完整规范的、可以直接参考的工作流程和方法，部门从上到下都是凭直觉和经验在摸着石头过河。我们的工作量又很大，一个人手上同时要跟进的客户都在 20 个以上，每天上班都和打仗差不多。在焦头烂额和分身乏术中，我们部门在工作方法上几乎每月一次小变革、几月一次大变革，摔摔打打一年多，终于有了走上正轨的模样。

也是因为这样高压的节奏，我们以一日千里的速度成长，每天的问题都是新的，新想法和新收获也同样层出不穷，似乎永远不会让我厌倦。按照建构主义学习理论的观点，学习的过程是学习者主动建构知识的过程，“是以原有的经验为基础，通过与外界的相互作用来建构新的理解”。如今想想，这句话的每一个字都是对我当时成长状态的真实写照。

二

决定把营销策划的经验写成一本书，应该是2018年秋天的某个晚上萌生的想法。

当时，我已经独立完成了一些策划方案，接触了许多中国制造企业，看了许多中国企业的外贸网站和外国企业的网站。说实话，中国在互联网营销方面的现状，远比我曾经以为的悲观。中国工业产品在技术和创新方面的劣势是难以回避的事实，就连自己的产品营销网站，也被那些老牌工业国家的网站全面碾压。诸如我在书里多次提到的“片面追求视觉效果”“文字假大空”“不考虑用户体验”等问题，广泛存在于中国所有行业的制造公司的官网。有时读完客户官网后再去查国外同行，心里涌起的竟然是绝望和焦急。二者在各种意义上的差距何止是一两个层次？仅凭我们一腔热情，要何年何月才能赶得上？

最后，我难以置信地发觉，我所做的工作好像真的是在为客户补齐短板。中国那么多制造企业，发展了那么久的互联网，好像真的需要这样务实的方法来做好网络营销。我的对接人常常是客户公司的外贸负责人甚至老板，其中有许多对我们的营销思路表示了充分的认可，包括一开始懒得听我说话，在后续沟通中却越来越配合我的人。从行业的现状和客户的反馈来看，我打算写的这本书，不仅对我个人、对营销策划部的进一步成长是有意义的，对整个行业也是有意义的。恰恰因为我所信仰的道理是如此理所当然，我所掌握的方法也如此简单粗暴，以至于我总是怀疑，自己到底有没有能力总结出足够有深度、对他人真正有帮助的内容。

祸不单行，后来我很快就迎来了工作中最黑暗的一段时期，我的工作量大到根本不可能按时完成，越来越多的客户对进度表示强烈不满。那时，我还不懂得造成这种现象的真正原因是什么，只能白天花式道歉，晚上咬牙加班。连续很多个晚上，我从地铁站出来，就忍不住哭着走回宿舍，而走在路上的十分钟已是我一天中最轻松的时刻。父亲勉励我的方式倒是很有一套，是叔本华的那句“人生实如钟摆，在痛苦和倦怠之间徘徊”。我现在只是痛苦，相比倦怠，已经算是“病情”乐观了。不可避免的是，我后来很长一段时间陷入自我怀疑和自我否定中。成长的烦恼已令我自顾不暇，因此我写书的念头虽然萌生，却迟迟没有付诸行动，一度觉得自己根本不可能写出来。

其实，直到现在我也深深认为，以我微薄的知识和阅历，对于“中国制造业出口”“国际互联网广告”“搜索引擎营销”这些高大上的名词，乃至于对整个行业的了解，都实在称不上多专业。最终让我下定决心的动机非常纯粹——我不敢期待一本出自无名之辈的拙作真的能为整个中国制造业带来什么进步，但这就是我真实的、经过一百多次实践检验的心得体会，它至少帮助我从手忙脚乱成长到胸有成竹。只要整个中国还存在和我曾经的处境类似的人，遇到过那些曾经让我头疼的问题，我就有把握帮到他们，这就是我写本书的意义。

如果眼光放得更长远一些，我以后未必会一直从事这个行业，我所在的公司和曾经奉献一切的营销策划部也未必会一直存在。如果没有人去记录、去总结至少对我们有帮助的这些经验，它永远不可能被有效传播和复制。任何理论和知识体系的形成，原本也都不是一蹴而就的，而是需要许多人都在这个领域不断地思考、记录和总结，不断壮大金字塔的底部，最后才能催生出那个光芒万丈的塔尖，这是事物发展的必然规律。如果有一天，我再想起自己曾在塔底添过一砖半瓦，该是多么开心的事。

三

真正开始动笔是 2019 年 3 月。刚开头时真是一切顺利，到五一放完假时前几章就基本写完了。我记得当时还非常自信，再有两三个月，整本书就能完稿。

很快事实就告诉我，想多了。前几章写得顺利纯粹是因为主题单一，大多数内容都只需要讲道理。当我面对第五章的标题的时候，我发现脑子里的想法精彩得像万花筒，工作中遇到的无数鲜活案例纷至沓来。问题是，它们过于精彩了，有些拥挤和混乱，以至于我好像什么都能写，却一个字都写不出来。

连续几个晚上写完又删掉之后，我决定跳过第五章先写第六章。然而在第六章，我能做到的只是开了个头，然后就遇到了和第五章一模一样的困境。我不能再跳过了，因为我再清楚不过，第七章绝对比所有章节都要难写。

最后这三章的心路历程真是奇妙。梳理素材时，我感觉面前是一堆饼干屑，我想要把它们捻起来收在一起，一不留神却发现饼干屑被捏得更碎了，而且掉得到处都是；梳理框架时，我感觉面前是一堆混在一起的、彼此还长得很像的拼图碎片，而这堆碎片却来自三幅完全不同的拼图。最令人痛苦的就是这点，我根本不缺素材，但要把这些素材编排进一个合理的章节框架里，让它看起来完整、有条理一点，怎么就这么难呢？

有一段时间，不要说动手去拼，我根本都不想看到这堆拼图。

在我写书进度几乎停滞的这段时间，却发生了一件令我再次坚定信心的事。那时部门里调来了一些新人，安排我给他们做培训。我写完的那三章半内容，此时刚好派上用场，我凭记忆整理了个删减版大纲作为讲义，然后就直接拿去做培训了。

在给新人讲解的时候，我惊喜地发现，因为有之前写书的过程，我讲得无比轻松和流畅，我培训说的许多话甚至就是书中的原话。然后，我才后知后觉地意识到，在写书时为了挖掘直觉和经验背后的道理，再把道理掰开揉碎讲清楚，已经在无形中逼迫自己完成了最有效的学习。

我不仅将原以为已经熟知的一切再一次做了更深入的思考，还形成了一个随处都可以自圆其说的体系。

我的培训受到了远超我预料的高度评价，不只来自部门里的同事，还有旁听的领导和其他部门的经理。你永远不知道自己种的因最终会长成什么果。如果不是因为之前写完了这三章半的内容，我不可能在内部培训时发挥得那么自如。得到公司里领导的认可，我当然很开心，但开心之余还有一丝感激，以及对自己写书进度停滞的惶恐。我现在得到的东西是因为幸运和之前的努力，如果现在不努力了，我之后又会得到什么呢?

于是，一方面我规定自己哪怕是写不出来，晚上也得坐在电脑前对着文档发足够时间的呆，说不定灵光一闪就写出来了；另一方面因为第一次培训的成功，领导给了我更多机会去和更多人讲我总结的营销方法，包括在公司内部和业务员讲，以及到公司宣讲会上和还没合作的客户讲。

多次的培训讲解，让我有了空间去做更多的尝试，根据听众们的反馈来不断调整所讲的内容。比如当我在公司内部讲的时候，就已经发现有很多我原以为同事们都非常了解的道理，还有我自以为讲得很清楚的道理，可能很多人并没有听懂，或者他们所理解的跟我说的完全不是一回事儿。当我面对的听众是连对我们公司都不怎么了解的未合作客户时，对于我所能讲的内容和讲的方式会有更多的限制。更重要的是，面对面演说时，我得到的反馈是非常及时的。每一句话，当我一说完，台下听众的表情就会告诉我，他们听懂了还是没听懂，完全认可还是存在疑问。于是，当我这一阶段的培训任务结束时，不仅让我建立好了第六章的架构和主要内容，还让我回过头对第二章至第四章打了个全面升级补丁。命运所赠予我的一切，不仅没标价码，还顺手送了双份。

四

2019年9月，我从原公司离职。按照计划，我应该在这一个月里闭关写作，完成最后冲刺，然后国庆节前拿着初稿一身轻松地回家。

意料之外又意料之中地，直到10月1日来临时，我依旧没有按进度完成初稿，而是死死地卡在了最后一章。

我第一次遇到了脑子里一片空白的情况。

应该说，第七章是我最没有把握的一章，因为在这个工作环节里我的参与度是最低的，不像之前找产品名、做方案、写材料那样的一手包办，我所做的仅仅是看国外同行怎么设计，然后画几张草图给美工而已。我既不会用PS做设计，又不会用HTML和CSS写网页代码；我对网页设计这个领域的所有了解，几乎都是美工和程序员在拒绝实现我的要求时向我科普的。此外还有一些浅薄的心得，则是和同事们在每周对国外网站的学习会上观察总结的。

我意识到，不管从哪个角度看，我在网页设计上都只是一个门外汉。而这个门外汉，又要怎么给别的门外汉写指导和建议呢？不会贻笑大方吗？

直到这个时候，我整个写书过程中最大的隐患才真正暴露出来——我一直都在依照着个人的知识、直觉和工作经验在写，而我的工作经验是在一个几乎完全野蛮生长的部门里累积的，因此我对基础的行业理论知识非常缺乏，好比一个实操技术很好却知识储备不足的工人。更致命的是，因为原公司最核心的业务是互联网广告（而非营销策划服务），为了与竞争者们划清界限，在对外宣传上一直反复强调我们和传统的SEO、小语种网站、B2B平台完全不一样；而公司内部对于竞争对手们到底是什么、怎么起作用的，也颇有些讳莫如深，只要是竞争对手们用过的概念，我们部门都避之不用，比如“关键词”“页面优化”等。虽然明明从事的就是非常普通的网站建设工作，但我们对于行业里其他公司的做法一无所知，对相关理论知识的了解和学习也几近于零。

现在我的第七章写不出来只是问题的一个方面而已，我仅凭个人直觉写的前几章难道就没有局限之处吗？就不会有我主观臆断却与行业常识不符的地方吗？

于是，我只能先搁置写书的进度，因为必须花时间补上缺掉的主课。从 SEM、SEO、网页设计、网站架构设计到营销学，只要看着书名、目录和我要写的内容沾边的，就网购回来恶补。

在这个阶段，“建构式学习”又一次发挥了它的威力。此时我看书的目的非常明确，结果导向极强，对每一本书都是迅速了解其观点、吸收对我最有用的部分，同时比较作者在观点上与我的相似之处，然后再对自己的观点和表达重新打磨。如果我只是闲来无事地看书，尚且是“我注六经”；当我为了建构自己的知识体系而看书，则已是“六经注我”。

通过这些书籍，我也终于对整个互联网广告行业有了一个相对全面的了解，刷新了许多认知，也平生了许多感慨。尤其是 Zac 的《SEO 实战密码》，可称得上是一本网站建设的百科全书，我看完它才哭笑不得地发现，原来当初困扰我们很多天的问题，是别人用一串代码就能解决的；原来当初我们津津乐道的心得，别人早就这么做了；原来当初我们一直解释不了的现象，还可以用这个原理来解释。

与此同时，我也非常振奋地发现，即使买回来的这些书籍中不乏写得非常优秀的，即使这个行业的理论体系看起来已经如此庞大，其中依然给我留了位置。按理说“道法术器”，可是绝大部分的书花大力气讲的都只是“术”和“器”，而对“道”介绍得空洞而虚无，对“法”就是具体情况具体讨论——相当于干脆不讨论。像那些介绍“如何做网页设计”的书，基本可以等同于一本 PS 教程；而介绍“如何做 SEM”的书，就是具体得不能再具体的“如何使用竞价排名工具”的电脑操作教学。我把整本书翻完，最后可能只有序言里的几个观点对我有价值。

问题是，如果缺少“道”和“法”的指导，技巧就未必是助力，甚至可能是束缚。一个网页设计师把 PS 用得再熟练，不等于他就能设计出优秀的网页。一个黑帽 SEO 技术再高超，也可能一夜之间被 Google 新算法打击得再也不能翻身。

因此，我迅速坚定了信心：我要完成的这本书，应该是一本能把最简单的“道”和“法”讲清楚的书。基于此，再充分利用那些书里提到的“术”和“器”作为补充。秉持着这一信念，我在接下来的三个月里停停写写，这里补一补、那里改一改，终于在 2019 年年末完成了全部书稿。

五

回顾这一年多的创作历程，虽然总是以晒网为主、打鱼为辅，但因为那一丝若有若无却从未断绝的坚持，最后还是善始善终。从对我的意义上说，这既是我对第一份职业提出命题并主动求索的过程，又是对自身知识体系进行构建的过程，更是在人格和情感上追寻新自我的过程。

绝大多数的时候，我们都无法改变已经发生的人生经历，只能从不同的角度去看待它，用不同的道理去诠释它。而一个人怎么去看待、怎么去诠释自己的经历，基本就定义了自己是谁。“我见青山多妩媚，料青山见我应如是。”我总想成为更美好的人，成为更宽容善良、从容潇洒的人，但精神和心态上的许多风景，不想办法走到一定的高度就是无法安然享有的。许多看起来只和性格有关的特质，却无一不是强者专属的特质，无一不是必须凭借长久的努力才能得到的。而我在创作过程中一点一滴的努力，又何尝不是在重塑故我、成就新我。

从更现实的意义上看，我对这本书能够最终完稿也充满感激。在我离职之后、把它写完之前，在原公司的种种回忆，本都已经随着时间的流逝而被我淡忘，但偶有故人入梦，却都是那些我不想记得的、不美好的瞬间。心理学上的“首因效应”加上“近因效应”，其实完全可以推而广之地理解成，我们对任何人和事的认知中，第一印象和最后的印象是最重要的。如果没有这本书，我对自己第一份职业生涯的认知只能终结在离职的那一天。坦白地说，那一天的印象在任何意义上都谈不上美好。当我完成最后一章时，我如释重负，一半是因为“写完了”，另一半是因为“结束了”。我用自己的方式，给自己这份原本结束得不够圆满的职业生涯重新补上了一个圆满的句号。

我非常喜欢的一部单机游戏《古剑奇谭》，其实原本就是一个 Bad Ending。男主角魂飞魄散、永远不得轮回，而女主角也以放弃轮回为代价，换回九百年寿命，以寻求重生之法，却一直也没有找到。这个悲伤的结局，不知成为多少玩家心头的一把刀。直到游戏发布一年后，官方才更新了第二结局《桃花幻梦》，让两个再也没有来世的人能在人间相守最后一世。如果没有第二结局，我很有可能玩过第一遍之后就再也不想玩第二遍，因为每段剧情发展、每个细节都令人悲从中来。有了第二结局，整个故事都变得温暖了，至少我的悲伤有了出口，不是只能心塞扼腕。

我为自己写的这个第二结局，同样让我曾经历过的所有挫折、误解、伤心、失落，都以最圆满的方式得到了解脱和救赎。在我之后的人生中，再回想起这两年多的种种，无论是开心或难过，都会因为我最终完成和记得的这个句号，而在记忆里变得更加值得被怀念。这实在是幸事。《奇葩说》里詹青云有句话可做最好的注解：“因为那令我悲伤的一切，曾经也是我最热爱的一切。”

此刻，爱与恨都已烟消云散，而我终于成为了我。

2020 年于伟人故里

附　录

第一章

1. B2B：Business-to-Business 的缩写，指进行电子商务交易的供需双方都是商家（或企业、公司），双方使用互联网的技术或各种商务网络平台完成商务交易的过程。

2. SEM：Search Engine Marketing 的缩写，即搜索引擎营销，利用人们对搜索引擎的依赖和使用习惯，在人们检索信息的时候将信息传递给目标用户。

3. PPC：Pay Per Clink 的缩写，即点击付费广告，是搜索引擎广告服务的一种，特点是只有当你的广告被点击了才会产生费用。

4. SEO：Search Engine Optimization 的缩写，即搜索引擎优化，通过分析搜索引擎的排名规律，了解各种搜索引擎怎样进行搜索、怎样抓取互联网页面、怎样确定特定关键词的搜索结果排名，从而遵循或利用这些规则，提高目标网站在有关搜索引擎内的自然排名。

第二章

5. CNC：Computerized Numerical Control 的缩写，即数控机床、数控车床，可以通过程序控制机床进行自动化加工。

6. PB：Polybutadiene 的缩写，即聚丁二烯，一种高分子材料。

7. PPR：Pentatricopeptide Repeats 的缩写，即聚丙烯无规共聚物，一种高分子材料。

8. OEM：Original Equipment Manufacturer 的缩写，即原始设备制造商，俗称代加工或贴牌生产。

9. ODM：Original Design Manufacturer 的缩写，即原始设计制造商。

10. Slogan：意为口号、广告语，尤指在较长时期内反复使用的特定的商业用语。

第三章

11. B2C：Business-to-Consumer 的缩写，是企业直接面向消费者销售产品和服务的一种网络零售模式。

第四章

12. Aluminum alloy：铝合金。

13. Extruded aluminum：铝挤材，也称铝型材。

14. Logo：logotype 的缩写，意为徽标、商标。

第六章

15. Keywords：即关键词。在网络搜索中，特指那些访客希望了解的产品、服务和公司等的具体名称用语。

16. PVC：Polyvinyl Chloride 的缩写，即聚氯乙烯，一种高分子材料。

17. PCB：Process Control Block 的缩写，即进程控制块，是操作系统中的一种记录性数据结构。

18. DSP：Digital Signal Process 的缩写，即数字信号处理。

19. NC Studio：一种用于控制自动化加工设备的专用计算机系统。

20. PC：Personal Computer 的缩写，即个人计算机，包括台式机、笔记本电脑到小型笔记本电脑和平板电脑等。

第七章

21. html：Hyper Text Markup Language 的缩写，即超文本标记语言，是一种建立网页文件的语言，html 命令可以说明文字，图形、动画、声音、表格、链接等信息。

22. Flash：一种二维矢量动画，也是一种用于动画创作与应用程序开发的软件。

23. JavaScript：一种属于网络的高级脚本语言，常用来为网页添加各式各样的动态效果。

24. CSS：Cascading Style Sheets 的缩写，即层叠样式表，是一种计算机语言，能够更多样、精确地控制网页的排版和样式。

25. URL：Uniform Resource Locator 的缩写，即统一资源定位系统。可以简单理解为某个网页的网址。

26. Meta：html 语言的一个辅助性标签，用来提供相关网页的一些基本信息，包括标题、描述和关键词。

27. Sitemap：即网页地图，通过特定的形式列出网站中的所有网址、以及关于每个网址的关键数据，以便搜索引擎可以更加智能地抓取网站。

老板·创业			
一、经理人			
书名	内容	书名	内容
老总有想法，高层有干法 王清华　著	企业将、帅之间的定位问题、角色问题、方法问题、思维问题、管理问题等	**历史深处的管理智慧 1：组织建设与用人之道** 刘文瑞　著	通过历史鉴照当今企业选人用人、二代接班人、创业团队管理等问题
历史深处的管理智慧 2：战略决策与经营运作 刘文瑞　著	通过历史鉴照当今企业决策、战略规划、战略冒进、决策监督等问题	**历史深处的管理智慧 3：领导修炼与文化素养** 刘文瑞　著	通过历史鉴照当今企业的领导修养、用权、管理风格等问题
老板经理人双赢之道 陈　明　著	经理人怎养选平台、怎么开局，老板怎样选/育/用/留		
二、用人			
用好骨干员工 王　敏　著	系统化分享关键人才打造与激励方法	**领导这样点燃你的下属** 孟广桥　著	领导者如何才能让员工积极主动地工作
让用人回归简单 宋新宇　著	帮助管理者抓住用人的要害，让用人变得简单		
三、转型·创业			
创业要过哪些坎 董　坤　著	15 年创业咨询经验总结的创业遇到的问题及办法	**高潜牛人** 董　坤　著	创业和事业发展中如何找到牛人
成为下一个 SaaS 独角兽 崔牛会　主编	19 位 SaaS 领专家，7 个不同的视角总结 SaaS 行业实践	**创模式：23 个行业创新案例** 段传敏　著	CEO 社群 23 位企业家的思考与实践分享。
重生——中国企业的战略转型 施　炜　著	本书对中国企业战略转型的方向、路径及策略性举措提出了建议和意见。	**7 个转变，让公司 3 年胜出** 李　蓓　著	企业估值、业务模式、营销、生产制造、客户服务、用户黏性到组织管理 7 个转变
企业二次创业成功路线图 夏惊鸣　著	五步骤给出了一幅企业二次创业经营突破、管理提升的成功路线图	**跟老板“偷师”学创业** 吴江萍　余晓雷　著	如何通过“偷师”学习与积累当老板的阅历
公司由小到大要过哪些坎 卢　强　著	企业成长路线图，现在我在哪，未来还要走哪些路，都清楚了	**跳出同质思维，从跟随到领先** 郭　剑　著	66 个精彩案例剖析，帮助老板突破行业长期思维惯性
企业经营			
经营打造你的盈利系统 高可为　著	选择最有效的经营策略，打造属于自己的商业模式	**中国企业的觉醒** 王　涛　著	企业告别自私、野蛮，转向善良、爱，才会赢得消费者
成为敏感而体贴的公司 王　涛　著	未来有竞争力的企业，一定是那些敏感而体贴的公司！	**有意识的思考** 王　涛　著	对头脑中固有观念保持觉察，从而超越它们的局限
简单思考 孔祥云　著	著名咨询公司（AMT）CEO 创业历程中的经验与思考	**写给企业家的公司与家庭财务规划** 周荣辉　著	以企业的发展周期为主线，写各阶段企业与企业主家庭的财务规划

续表

书名	内容	书名	内容
从10亿到100亿的企业顶层设计 刘建兆　著	重新定义企业成长方式，有效益、有效率、有效能、有效果、有品质的良性成长。	活系统：跟任正非学当老板 孙行健　尹　贤　著	造活系统，使系统活，靠系统活，活得系统。
宗：一位制造业企业家的思考 刘建兆　著	发展20年营业额近亿元制造业企业家的思考与心得	使命：驱动企业成长 高可为　著	用大企业发展轨迹及企业家的心路历程，揭示企业成长的基因，做事的逻辑
让经营回归简单 宋新宇　著	战略、客户、产品、员工、成长、经营者的经营法则	边干边学做老板 黄中强　著	86个案例讲述中小公司成长过程遇到的问题和方法
盈利原本就这么简单 高可为　著	跨越业务与财务边界，为企业提高盈利水平提供方法。		
综合管理			
一、企业管理			
让管理回归简单 宋新宇　著	从目标、组织、决策、授权、人才、老板自己等提供方案	管理的尺度 刘文瑞　著	西医式的体检化验，又要施加中医式的望闻问切
管理：以规则驾驭人性 王春强　著	人性驾驭角度权度运筹安排的可兑现性，管理有效性	看电影，学管理 刘文瑞　著	十六部电影的解读，揭示电影内含的管理之道
好管理　靠修行 曾　伟　著	从佛法、道法思想中寻找管理智慧	公司大了，怎么管 金国华　著	成长型企业发展中的共性问题，通过案例实录解开
低效会议怎么改 王玉荣　葛新红　著	从梳理公司会议体系的层面改变低效会议的现状	年初订计划年尾有结果 郭　晓　著	总结七步落地方案让战略计划切实落地实现
分股合心 段　磊　周　剑　著	围绕股权激励，详细介绍相关知识和实行方法	员工心理学超级漫画版 邢　磊　著	漫画形式对组织中个体心理的全面介绍和深入探讨
让投诉客户满意离开 孟广桥　著	投诉法律法规，应对各种投诉技巧等提升客诉能力		
二、管理思想			
管理学的奠基者 刘文瑞　著	近代以来的管理思想发展揭示管理思想的演化奥秘	巴纳德组织理论研读 郭　威　著	深度研读巴纳德《经理人员的职能》，帮你理解和看懂
管理学在中国 刘文瑞　著	科学看待管理学流入中国，对继承发展进行深入阐述	德鲁克管理学 张远凤　著	以德鲁克管理思想发展为线展示20世纪管理学发展
德鲁克与他的论敌们 罗　珉　著	德鲁克与马斯洛、戴明等诸多管理大师论战的故事	德鲁克管理思想解读 罗　珉　著	作为德鲁克学生全面解构其思想的精髓与实践价值
治论：中国古代管理思想 张再林　著	深入分析中国古代哲学基本精神的基础上，梳理分析了儒法墨三家的管理思想		

续表

营销·销售			
一、企业销售			
书名	内容	书名	内容
大客户销售这样说这样做 陆和平　著	大客户销售活动的十大模块，68个典型销售场景	向高层销售 贺兵一　著	销售人员与客户高层打交道需要重点掌握的知识、技巧
资深大客户经理 叶敦明　著	将大客户经理必须具备的规划、策略、执行三种能力连通自如	成为资深的销售经理 陆和平　著	让销售经理成功把握销售管理6个关键点，并提供工具
销售是个专业活 陆和平　著	据客户采购流程拆分销售过程10阶段，讲解方法技巧	学话术　卖产品 张小虎　著	手机、电动车、家电、食品等消费品的一线销售话术
二、企业营销			
新营销组织力 迪智成　著	适应最新数字化外部环境，系统化协同组织能力建设	营销按钮 老　苗　著	讲述存在于人性以及各个营销环节中的"按钮"
精品营销战略 杜建君　著	"精品营销战略"核心逻辑与营销组合策略	360°谈营销 王清华　古怀亮　著	营销是立体的，从不同角度观察不同企业的营销精髓
互联网精准营销 蒋　军　著	互联网时代整3体策划、包装品牌和产品	招招见销量的营销常识 刘文新　著	做好基本的营销动作都可以提高销量、减低成本
用数字解放营销人 黄润霖　著	用数字说话覆盖营销工作的方方面面	用营销计划锁定胜局 黄润霖　著	让营销计划落地，营销人员只需解决两个问题：基数与概率
我们的营销真案例 联纵智达研究院　著	五芳斋粽子、诺贝尔瓷砖、利豪家具、保健品、娃哈哈	中国营销战实录 联纵智达研究院　著	51个案例，46家企业，46万字，18年积淀
弱势品牌如何做营销 李政权　著	产品与物流通道、服务通道、促销互动通路提供方法	解决方案营销实战案例 刘祖轲　著	十大工业品作者实操案例解码解决方案营销
升级你的营销组织 程绍珊　吴越舟　著	根据企业实际情况建立有机性营销组织	变局下的营销模式升级 程绍珊　叶　宁　著	十年大量案例归纳三种核心驱动要素，三种升级方向
老板如何管营销 史贤龙　著	以十六个招式，理论与案例相结合，高段位营销方法	孙子兵法营销战 刘文新　著	理解《孙子兵法》原意的同时，还可体悟到营销之用
三、品牌			
中国品牌营销十三战法 朱玉童　著	深度演绎最符合企业品牌营销策划的十三套实战战法	中小企业如何打造区域强势品牌 吴　之　著	如何建立强势品牌的角度解析扩张难题
四、营销策划			
这样写文案，就没有卖不动的产品 秦　剑　刘安丽　著	术、法、道三个层面由浅至深培养商业文案创作能力	洞察人性的营销战术 沈　坤　著	介绍了28个匪夷所思的营销怪招，大部分甚至可以直接运用

续表

书名	内容	书名	内容
双剑破局：沈坤营销策划案例集 沈　坤　著	双剑公司8年来的实操案例，每个项目诞生过程、策划角度和方法		
企业案例			
鲁花：一粒花生撬动的粮油帝国 余　盛　著	鲁花如何成长为优秀的带动农业产业发展的品牌，鲁花你一定学得会	**金龙鱼背后的粮油帝国** 余　盛　著	以金龙鱼为脉的一部中国粮油行业的史诗
你不知道的加多宝 曲宗恺　牛玮娜　著	以时间为轴线，详细叙述了加多宝品牌的发展历程	**静水流深** 黄治国　著	作者在美的十五年对何享健近内部讲话资料的整理
娃哈哈区域标杆 罗宏文　快车君 赵晓萌　寇尚伟	讲娃哈哈豫北市场如何成为娃哈哈全国第一大市场、全国增量第一的市场	**借力咨询：德邦成长背后的秘密** 官同良　王祥伍　著	德邦将自己积累的与咨询公司发展共赢的合作逻辑和盘托出
六个核桃凭什么从0过100亿 张学军　著	全视角深度解读养元企业的裂变成长，复盘十年蜕变轨迹	**像六个核桃一样** 王　超　著	六个核桃为什么卖得这么好，产品畅销的6大要义36条简明法则
中国首家未来超市 IBMG集团　著	对乐城超市的掌门人及内部员工的采访详细阐释了乐城的经验	**三四线城市超市如何快速成长：解密甘雨亭** IBMG集团　著	甘雨亭的许多关键经营指标均高于行业标准，学习其成功的方法
集团化企业阿米巴实战案例 初勇钢　著	作者在某酒厂推行阿米巴经营模式的心得		
经销商			
新经销：新零售时代教你做大商 黄润霖　著	探访近100位经销商在传统营销手法上的创新，传统营销微创新和新营销本地化	**商用车经销商运营实战** 杜建君　王朝阳 章晓青　著	对商用车经销商的经营与管理、4S店运营做了全方面的系统总结
跟行业老手学经销商开发与管理 黄润霖　著	从管理耐用消费品经销商角度提炼了48个代表性问题并给出解决办法	**快消品经销商如何快速做大** 黄润霖　著	经销商如何通过经营实现规模，通过管理实现规模效益
建材家居经销商实战42章经 王庆云　著	经营管理的心法和战法，帮助经销商成为“业务妙手”和“管理能手”	**成为最赚钱的家具建材经销商** 李治江　著	针对建材家居行业的经销商，从销售模式、产品、门店、市场等方面给出方法
白酒经销商的第一本书 唐江华　著	经销商如何选择厂家、合作、运营品牌等问题给建议	**快消品招商的第一本书** 刘　雷　著	从招商理论到招商动作进行系列化分解，化繁为简
中小企业			
中小企业如何打造区域强势品牌 吴　之　著	如何建立强势品牌的角度解析扩张难题	**用流程解放管理者** 张国祥　著	8个板块构成，共66篇文章，14幅流程管理图
用流程解放管理者2 张国祥　著	对中小企业规范化流程管理进行系统的阐述	**弱势品牌如何做营销** 李政权　著	产品与物流通道、服务通道、促销互动通路提供方法

续表

书名	内容	书名	内容
本土化人力资源管理8大思维 周　剑　著	用最贴近中国中小企业现实管理情境的案例去讲述周围人的“家事”	**中小农业企业品牌战法** 韩　旭　著	农业企业需要全产业链视野，更需要品牌实战方法
门店销售冠军复制系统 王吉坤　著	门店型企业如何打造可复制的销售冠军系统，凡是门店型企业都可以使用	**新零售动作分解与实操：建材·家居·家具** 盛斌子　著	对泛家居行业趋势、店面管理、团队管理、促销推广、五感营销等提供策略
家具建材促销与引流 薛　亮　李永锋　著	对泛家居营销执行模式和工具、关键环节等进行汇总	**建材家居门店6力爆破** 贾同领　著	产品力、导购力、形象力、推广力、服务力、组织力
家具行业操盘手 王献永　著	总结家具终端门店发展的现状及问题并给出策略	**手把手教你做专业督导** 熊亚柱　著	系统梳理督导的核心技能，岗位职责、工作流程及技能
手把手帮建材家居导购业绩倍增 熊亚柱　著	针对建材家居门店的业务人员，案例故事还原场景教你成为好导购	**10步成为最棒的建材家居门店店长** 徐伟泽　著	梳理店长管理的核心工作职责，店面管理规范和帮助销售人员成长
建材家居门店销量提升 贾同领　著	9个板块讲述建材门店一个单店如何做到经营的良性循环	**总部有多强大，门店就能走多远** IBMG集团　著	五大方向综合阐述连锁零售企业总部如何提升管理能力
赚不赚钱靠店长，从懂管理到会经营 孙彩军　著	注重专卖店的经营思路拓展，门店管理细节方面能力提升	**新医改了，药店就要这样开** 尚　锋　著	从药店定位的思考，内部和会员管理等几个方面探讨中小型药店发展方向
门店管理			
电商来了，实体药店如何突围 尚　锋　著	新时代药店经营三驾马车：药学专业服务、会员贴心服务和精准定向促销	**引爆药店成交率1：店员导购实战** 范月明　著	药店人的零售工作怎样接待顾客，完善销售技巧
引爆药店成交率2：药店经营实战 范月明　著	从药店经营角度如何建立改善门店现状的实用标准	**引爆药店成交率：专业化销售解决方案** 范月明　著	从简单的拿药服务到提供多角度的专业解决方案
互联网			
一、互联网转型			
画出公司的互联网进化路线图 李　蓓　著	18个“可以……吗”的问题作为你产品、客户和价值方面的指引牌	**7个转变，让公司3年胜出** 李　蓓　著	企业估值、业务模式、营销、生产制造、客户服务、用户黏性到组织管理7个转变
重生战略移动互联网和大数据时代的转型法则 沈　拓　著	四个重生战略对应四个法则告知传统企业的转型重生之路	**创造增量市场：传统企业互联网转型之道** 刘红明　著	为读者提供了寻找这些互联网的切入点和接触点的具体方法，带来增量市场
互联网+变与不变 本土管理实践与创新论坛　著	61篇精华文章，聚焦传统行业如何互联网+时代转型	**今后这样做品牌** 蒋　军　著	顶层设计、营销创新、产品战略、渠道变革、品牌策略
移动互联新玩法 史贤龙　著	立足现实，剖析新时代背景下的移动互联趋势与热点	**互联网时代的成本观** 程　翔　著	多维组合成本的互联网精神和大数据特征及应用

续表

书名	内容	书名	内容
正在发生的转型升级实践 本土管理实践与创新论坛 著	100多位本土管理专家当年对最新一年的思考和实践	**1000铁杆女粉丝** 张兵武 著	如何让普通女性成为忠实追随的铁杆粉丝，磁力点、情感结、甜蜜区、信任圈
混沌与秩序Ⅰ：变革时代企业领先之道 彭剑锋 施 炜 苗兆光 王祥伍 孙 波 夏惊鸣	新环境下企业面临变革应如何应对，作为企业家又应当如何坚守并与企业共同成长提出了深度思考	**混沌与秩序Ⅱ：变革时代管理新思维** 彭剑锋 施 炜 苗兆光 王祥伍 孙 波 夏惊鸣	对处于时代变革下的企业管理新机制、人力资源管理新思维，组织与人的新型关系，结合案例提出优化建议
消费升级：实践·研究 本土管理实践与创新论坛 著	从经营、管理、行业三个方面记录消费升级下的实践	**互联网精准营销** 蒋 军 著	互联网时代整体策划、包装品牌和产品
二、抖音、微信微商、电商			
抖音营销系统 刘大贺 著	抖音系统的实战营销知识，上百个从0做大的案例	**金牌微商团队长** 罗晓慧 著	微商团队长创业实操的指导工具书
微商生意经：真实再现33个成功案例操作全程 伏泓霖 罗晓慧 著	精心挑选的33个微商成功案例，阐述具体操作过程	**快速见效的企业微信营销方法** 孙 巍 著	站在微信生态的立体高度系统讲述企业微信快营销方法论
阿里巴巴实战运营：14招玩转诚信通 聂志新 著	产品定位、阿里巴巴排名因素、数据分析，标题优化等如何做好阿里巴巴	**阿里巴巴实战运营2：诚信通热卖技巧** 聂志新 著	打开诚信通运营的金钥匙，10大具体运营技巧
三、行业新营销			
餐饮新营销 杨 勇 程绍珊 著	聚焦餐饮企业转型，系统的餐饮企业营销管理体系	**新零售进化路径** 李政权 著	预先复盘新零售及商业的未来，找到方向
珠宝黄金新营销 崔德乾 著	珠宝业新营销/新品牌/新产品/新零售/新连接/新场景/新服务/新传播/新管理	**新经销：新零售时代教你做大商** 黄润霖 著	探访近100位经销商在传统营销手法上的创新，传统营销微创新和新营销本地化
新零售动作分解与实操：建材·家居·家具 盛斌子 著	对泛家居行业趋势、店面管理、团队管理、促销推广、五感营销等提供策略	**新营销** 刘春雄 著	让品牌商和渠道商掌握获得独立流量的能力，能够与平台商博弈
快速见效的企业网络营销方法 B2B 大宗B2C 张 进 著	数据和案例90%来自作者服务的中小企业，快速全面地学习企业网络营销方法	**移动互联下的超市升级** 联商网专栏 著	超市未来的发展趋势，对社区超市、生鲜、全渠道建设、O2O等提出观点
百货零售全渠道营销策略 陈继展 著	零售行业的竞争重点、行业本质，战略转型、未来趋势、经验和案例	**互联网时代的银行转型** 韩友斌 著	银行业在互联网金融变革浪潮中所做的积极应对和转型布局
触发需求：互联网新营销样本·水产 何足奇 著	通过鲜誉案例解读阐述水产行业如何进行互联网转型	**新农资如何弯道超车** 刘祖轲 著	从农业产业化、互联网转型、行业营销与经营突破四个方面阐述农资企业转型

续表

书名	内容	书名	内容
新零售　新终端 迪智成　著	将新零售系统打法做梳理并落地在新终端建设上		
医药医疗			
一、药店			
新医改了，药店就要这样开 尚　锋　著	从药店定位的思考，内部和会员管理等几个方面探讨中小型药店发展方向	**电商来了，实体药店如何突围** 尚　锋　著	新时代药店经营三驾马车：药学专业服务、会员贴心服务和精准定向促销
引爆药店成交率1：店员导购实战 范月明　著	药店人的零售工作怎样接待顾客，完善销售技巧	**引爆药店成交率2：药店经营实战** 范月明　著	从药店经营角度如何建立改善门店现状的实用标准
引爆药店成交率：专业化销售解决方案 范月明　著	从简单的拿药服务到提供多角度的专业解决方案		
二、药品销售			
医药第三终端：从控销到动销　诊所　基层医疗 王祥君　张芳文　著	用大量案例来梳理药企落地动销的策略、方法和技战术	**医药营销：诊所开发维护与动销** 张江民　著	从六个方面系统阐述基层诊所市场营销攻略
处方药合规推广实战宝典 赵佳震　著	对处方药推广体系搭建、推广人员岗位内容等六个方面进行阐述	**医药代理商经营全指导** 戴文杰　著	从产品选择、价格体系设计、路径管理等维度描述代理商产品操作的基本策略
处方药零售这样做 田　军　著	处方药零售的重要性及做市场的具体措施和方法	**OTC医药代表药店开发与维护** 鄢圣安　著	一位从初级OTC医药销售代表成长起来的销售经理的经验分享
OTC医药代表药店销售36计 鄢圣安　著	以《三十六计》为线，写OTC医药代表向药店销售的一些技巧与策略		
三、药企转型			
药企战略·运营与医药产业重构 杜　臣　著	对医药产业的深度认知与发展趋势结合，战略思考与经营操作相统一	**医药行业大洗牌与药企创新** 林延君　沈　斌　著	围绕着创新介绍医药行业，介绍近百家医药企业创新实践案例
医药新营销 史立臣　著	从药企最关心的八个方面阐述制药企业、医药商业企业营销模式转型	**医药企业转型升级战略** 史立臣　著	商业模式转型、管理转型、定位转型、运营模式转型和跨界转型五方面阐述转型
新医改下的医药营销与团队管理 史立臣　著	立足新医改相关政策的解读，为中小医药企业出谋划策	**在中国，医药营销这样做** 段继东　著	时代方略在医药营销领域思想、方法文章的精选合集
四、新医疗			
成为医疗器械领军者 王　强　著	中小型医疗器械生产企业和代理商怎样转型	**新型诊所经营与创新** 动脉网　著	对新型诊所从标准化管理、经营方式、团队建设、连锁模式四个方面进行解读

续表

书名	内容	书名	内容
医美新风口：颜值经济下的亿万市场 动脉网　著	详细介绍中国医疗美容行业的发展趋势，现状以及医美产业链等	**互联网医院：正在发生的医疗新变革** 动脉网　著	介绍互联网医院的建设与运营、管理，发展模式和市场布局，以及发展规律
快消品			
一、快消案例			
中国快消品营销这些年 史贤龙　著	一本书浓缩快消品营销15年的实战历程与前沿思考	**这样打造大单品** 迪智成　著	通过13个大案例帮助企业梳理打造大单品的路径
你不知道的加多宝 曲宗恺　牛玮娜　著	以时间为轴线，详细叙述了加多宝品牌的发展历程	**娃哈哈区域标杆** 罗宏文　侯车君 赵晓萌　寇尚伟	讲娃哈哈豫北市场如何成为娃哈哈全国第一大市场、全国增量第一的市场
六个核桃凭什么从0过100亿 张学军　著	全视角深度解读养元企业的裂变成长，复盘十年蜕变轨迹	**像六个核桃一样** 王　超　著	六个核桃为什么卖得这么好，产品畅销的6大要义36条简明法则
5小时读懂快消品营销 陈海超　著	20年快速消品市场风云洞察解码，丰富的案例解析		
二、快消品区域经理			
快消品营销团队管理 刘　雷　伯建新　著	快消品团队管理相关的20余个工具＋20余个案例	**这样打造快消品区域标杆** 罗宏文　牛玉龙　著	分为两篇解决如何成功打造标杆市场和进行持续增量管理两大问题
成为优秀的快消品区域经理（升级版） 伯建新　著	作为区域经理的"速成催化器"，升级版增加11篇内容	**快消老手都在这样做：区域经理操盘锦囊** 方　刚　著	一线成长起来的资深快消品营销人"压箱底"绝活亲囊而授
快消品营销人的第一本书 刘雷　伯建新　著	针对一线厂家业务员工作中常遇到的问题给予建议	**销售轨迹：一位快消品营销总监的拼搏之路** 秦国伟　著	一个普通营销人的故事，16年背井离乡的职场拼搏之路
快消品营销：一位销售经理的工作心得2 蒋　军　著	从市场操作、团队管理、传播推广、营销的具体策略和战略等方面提供方法		
三、快消品动销			
动销：产品是如何畅销起来的 余晓雷　著	怎么被消费者买走和竞争对手是谁这两个原点解决动销问题	**动销操盘：节奏掌控与社群时代新战法** 朱志明　著	用七个章节阐述关于动销操盘的要诀，节点、节奏、主次、条件匹配性等问题
动销四维：全程辅导与新品上市 高继中　著	从产品、渠道、促销和新品上市四个方面详细讲解提高动销的具体方法		
四、快消品渠道			
深度分销 施　炜　著	流道价值链、模式选择、渠道策略与管理、零售经销商管理、最佳实践、团队建设	**通路精耕操作全解周俊** 陈小龙　著	对康师傅制胜法宝通路精耕进行系统介绍与说明，图表和完善入微的操作方法

续表

书名	内容	书名	内容
酒水饮料快消品餐饮渠道营销手册 朱伟杰　著	对餐饮渠道深入挖掘，建立适合餐饮渠道发展的服务模式和组织保障措施	**快消品经销商如何快速做大** 杨永华　著	经销商如何通过经营实现规模，通过管理实现规模效益
快消品营销与渠道管理 谭长春　著	解决日常涉及的渠道管理、市场、产品等营销事务	**快消品招商的第一本书** 刘　雷　著	从招商理论到招商动作进行系列化分解，化繁为简
采纳方法：化解渠道冲突 朱玉童　著	21个最新的渠道冲突案例立体地介绍渠道冲突的现象和方法		
五、快消品企业战略			
重构：快消品企业重生之道 杨永华　著	从战略，品牌，市场，产品，营销，系统，管理7个方面进行重构	**变局下的快消品实战策略** 杨永华　著	从5个角度针对快消品企业如何应对行业变局给出答案
新营销 刘春雄　著	让品牌商和渠道商掌握获得独立流量的能力，能够与平台商博弈	**采纳方法：破解本土营销8大难题** 朱玉童　著	破解困扰营销人的八大难题变给出解决方法
白酒营销培训宝典：复制高业绩 刘孝鞅　著	总结白酒营销人员系统运作市场的要点，转化为易学可复制的动作和工具表单	**酒水饮料快消品餐饮渠道营销手册** 朱伟杰　著	对餐饮渠道深入挖掘，建立适合餐饮渠道发展的服务模式和组织保障措施
白酒营销的第一本书 唐江华　著	多角度阐释白酒一线市场操作的最新模式和方法	**白酒经销商的第一本书** 唐江华　著	经销商如何选择厂家、合作、运营品牌等问题给建议
白酒到底如何卖 赵海永　著	多角度地阐释了白酒一线市场操作的最新模式和方法	**白酒到底如何卖2：从市场培育到动销** 赵海永　著	系统化、标准化、模式化的促成动销的实战操作方式和方法
变局下的白酒企业重构 杨永华　著	白酒企业重构期的营销战略与实操策略6大方法	**酒业转型大时代** 微　酒　著	酒水营销、新闻资讯及行业分析、预测的知识宝典
区域型白酒企业营销必胜法则 朱志明　著	以36条法则从战略、营销、推广、产品线、品牌、市场、战术、等方面提供方法	**10步成功运作白酒区域市场** 朱志明　著	从市场攻守、产品攻略、新品上市、占领渠道、促销等十个层面阐述
茶·调味品·油·乳业			
营销中国茶：2小时读懂茶叶营销 史贤龙　著	中国茶营销的“困局”“破局”和“创举”	**中国茶叶营销第一书** 柏　龑　著	纵览中国茶叶市场的全局，并且有针对性地提出问题并阐述解决方法
调味品营销第一书 陈小龙　著	15年监控中国市场50个中外著名调味品品牌市场运作、管理等得到的经验总结	**调味品企业八大必胜法则** 张　戟　著	提炼了调味品企业八大规律性的关键成功要素
食用油营销的第一本书 余　盛　著	从小包装油行业概述到产品的基本知识，从基本执行动作到品牌整体策划等	**鲁花：一粒花生撬动的粮油帝国** 余　盛　著	鲁花如何成长为优秀的带动农业产业发展的品牌，鲁花你一定学得会

续表

书名	内容	书名	内容
金龙鱼背后的粮油帝国 余　盛　著	以金龙鱼为脉的一部中国粮油行业的史诗	**乳业营销的第一本书** 侯军伟　著	区域型乳品企业如何才能够稳健的发展
工业品			
一、工业品销售			
大客户销售这样说这样做 陆和平　著	大客户销售活动的十大模块，68个典型销售场景	**销售是个专业活　B2B** 陆和平　著	据客户采购流程拆分销售过程10阶段，讲解方法技巧
成为资深的销售经理：B2B　工业品 陆和平　著	让销售经理成功把握销售管理6个关键点，并提供工具	**一切为了订单：订单驱动下的工业品营销实践** 唐道明　著	以订单流程的三个环节为主线讲述工业品营销管理新思路
二、工业品营销			
工业品营销管理实务（第4版） 李洪道　著	是信任导向工业品营销体系的深化版、工业品营销管理体系优化咨询升级版	**工业品企业如何做品牌** 张东利　著	为当下中国制造的品牌化转型提供经过实践证明的理念、方法和体系
工业品市场部实战全指导 杜　忠　著	解决职能不清、市场部五大职能如何运作、职业发展路径等具体问题	**解决方案营销实战案例** 刘祖轲　著	十大工业品作者实操案例解码解决方案营销
资深大客户经理：策略准　执行狠 叶敦明　著	将大客户经理必须具备的规划、策略、执行三种能力连通自如		
三、工业品企业			
变局下的工业品企业7大机遇 叶敦明　著	探索工业品企业成长的新机会，7大战略与战术性机会	**两化融合管理体系贯标流程与方法** 戴　勇　著	融合五十多家企业在两化融合贯标过程的经验，总结重点与举措
丁兴良讲工业4.0 丁兴良　著	多角度阐述中国在工业4.0的机遇和挑战		
建材家居			
一、建材家居门店			
家居建材促销与引流 薛　亮　李永锋　著	对泛家居营销执行模式和工具、关键环节等进行汇总	**新零售动作分解与实操：建材·家居·家具** 盛斌子　著	对泛家居行业趋势、店面管理、团队管理、促销推广、五感营销等提供策略
家具行业操盘手 王献永　著	总结家具终端门店发展的现状及问题并给出策略	**手把手教你做专业督导** 熊亚柱　著	系统梳理督导的核心技能，岗位职责、工作流程及技能
手把手帮建材家居导购业绩倍增 熊亚柱　著	针对建材家居门店的业务人员，案例故事还原场景教你成为好导购	**10步成为最棒的建材家居门店店长** 徐伟泽　著	梳理店长管理的核心工作职责，店面管理规范和帮助销售人员成长
建材家居门店销量提升 贯同领　著	9个板块讲述建材一个单店如何做到经营的良性循环	**建材家居门店6力爆破** 贯同领　著	产品力、导购力、形象力、推广力、服务力、组织力
二、建材家居经销商			
新经销：新零售时代教你做大商 黄润霖　著	探访近100位经销商在传统营销手法上的创新，传统营销微创新和新营销本地化	**建材家居经销商42章经** 王庆云　著	经营管理的心法和战法，帮助经销商成为“业务妙手”和“管理能手”

续表

书名	内容	书名	内容
成为最赚钱的家具建材经销商 李治江　著	针对建材家居行业的经销商，从销售模式、产品、门店、市场等方面给出方法		
三、建材家居企业			
定制家居黄金十年 韩　锋　翁长华　著	对中国定制家居行业20年发展历程深度、系统、专业的解读	**建材家居营销：除了促销还能做什么** 孙嘉晖　著	探索家居建材行业营销的革命，回顾和思考来发现行业“营销天花板”的突破口
建材家居营销实务：新环境、新战法 程绍珊　杨鸿贵　著	针对建材家居市场特点提出以客户价值为基础的整体营销价值链		
零货·超市·百货			
新零售进化路径 李政权　著	预先复盘新零售及商业的未来，找到方向	**新零售　新终端** 迪智成　著	将新零售系统打法做梳理并落地在新终端建设上
移动互联下的超市升级 联商网　著	超市未来的发展趋势，对社区超市、生鲜、全渠道建设、O2O等提出观点	**百货零售全渠道营销策略** 陈继展　著	零售行业的竞争重点、行业本质，战略转型、未来趋势、经验和案例
超市卖场定价策略与品类管理 IBMG集团　著	零售企业的市场拓展与商品定位、商品结构与商品陈列、毛利分析与库存分析	**连锁零售企业招聘与培训破解之道** IBMG集团　著	围绕零售企业组织架构、培训体系建设等内容进行深刻探讨
总部有多强大，门店就能走多元 IBMG集团　著	五大方向综合阐述连锁零售企业总部如何提升管理能力	**三四线城市超市如何快速成长：解密甘雨亭** IBMG集团　著	甘雨亭的许多关键经营指标均高于行业标准，学习其成功的方法
中国首家未来超市：解密安徽乐城 IBMG集团　著	对乐城超市的掌门人及内部员工的采访详细阐释了乐城的经验	**零售：把客流变成购买力** 丁　昀　著	通过大量的实际案例对中国零售业态的升级转型之路提出思考
餐饮·服装·影院			
餐饮新营销 杨　勇　程绍珊　著	聚焦餐饮企业转型，系统的餐饮企业营销管理体系	**电影院的下一个黄金十年** 李保煜　著	介绍了中国电影产业的运作模式以及电影院的开发、设计思路
餐饮企业经营策略第一书 吴　坚　著	阐述餐饮企业产品之道、市场之道、顾客之道及盈利之道	**赚不赚钱靠店长，从懂管理到会经营** 孙彩军　著	注重专卖店的经营思路拓展，门店管理细节方面能力提升
农牧业			
一、农资			
饲料营销有方法 陈石平　著	饲料营销的7大核心命题	**农资营销实战全指导** 张　博　著	深度营销在农资市场行之有效的营销策略和工具
新农资如何弯道超车 刘祖轲　著	从农业产业化、互联网转型、行业营销与经营突破		

续表

书名	内容	书名	内容
二、农牧企业			
中国牧场管理实战 黄剑黎　著	牧场管理标准、管理制度、操作规程做出剖析和指引	中小农业企业品牌战法 韩　旭　著	农业企业需要全产业链视野，更需要品牌实战方法
变局下的农牧企业 9 大成长策略 彭志雄　著	为农牧企业量身打造了 9 个立足现在、展望未来的成长策略	农产品营销实战第一书 胡浪球　著	针对 33 个农产品营销的核心问题提供具体招数
地产 · 汽车			
一、地产			
中国城市群房地产投资策略 吕俊博　刘　宏　著	挖掘主要城市群的现状特征、发展因子、演化趋势、竞争关系等，给出分析建议	产业园区/产业地产：规划、招商、实战运营 阎立忠　著	认知、规划、招商、运营四方面系统解读产业园区的建设精要和运营技巧
人文商业地产策划 戴欣明　著	“全球化视野（创意）”+“人文+”思维		
二、汽车			
商用车经销商运营实战 杜建君　著	对商用车经销商的经营与管理、4S 店运营做了全方面的系统总结	汽车配件这样卖 俞士耀　著	适合轮胎、机油、维修、快保、美容、洗车等汽车服务业态销售实操办法
润滑油销售：这样说，这样做更有效 张金荣　著	总结润滑油销售面对三大客户常遇到的 200 余个营销问题解决方法		
投资理财 · 收购资本			
交易心理分析 马克 · 道格拉斯 【美】　著	一语道破赢家的思考方式，并提供了具体的训练方法	财报背后的投资机会 蒋　豹　著	零基础轻松掌握财务报表的相关知识，快速入门
写给企业家的公司与家庭财务规划 周荣辉　著	以企业的发展周期为主线，写各阶段企业与企业主家庭的财务规划	分股合心 段　磊　周　剑　著	围绕股权激励，详细介绍相关知识和实行方法
成功并购 300 问 浩德并购军师联盟　著	系统学习资本运作和企业并购知识的金融工具书	并购名著阅读指南 叶兴平　著	全球 5000 多本并购图书中精选 200 本并进行评价
阿米巴			
阿米巴经营的中国模式 李志华　著	基于阿米巴经典理念提出了适合中国本土的员工自主经营的“1532”模型	集团化企业阿米巴实战案例 初勇钢　著	作者在某酒厂推行阿米巴经营模式的心得
中国式阿米巴落地实践之激活组织 胡八一　著	划分原则、裂变与整合、组织管控、重新定位、巴长竞聘和组阁	中国式阿米巴落地实践之从交付到交易 胡八一　著	从 6 个方面阐述经营会计，从交付到交易是成功实施阿米巴的标志
中国式阿米巴落地实践之持续盈利 胡八一　著	企业做平台、平台做成阿米巴、阿米巴做成合伙制		

续表

人力资源管理			
一、绩效·薪酬			
书名	**内容**	**书名**	**内容**
回归本源看绩效 孙　波　著	从目的和概念帮助企业梳理绩效管理与经营的关系	**走出薪酬管理误区** 全怀周　著	7个常见薪酬误区入手为企业提供一套系统解决方法
曹子祥教你做绩效管理 曹子祥　著	作者核心授课课程的还原，掌握绩效管理的核心内容	**曹子祥教你做激励性薪酬设计** 曹子祥　著	作者28年咨询经验总结，如何进行科学的薪酬体系设计
二、招聘·面试·培训			
把招聘做到极致 远　鸣　著	多年人力资源资深招聘经理多年工作心得提炼	**把面试做到极致** 孟广桥　著	一套实用的确定岗位招聘标准、提升面试官技能方法
人才评价中心漫画版 邢　雷　著	用漫画形式写成的人才测评专业书籍	**世界500强资深培训经理人教你做培训管理** 陈　锐　著	从构建培训体系、培训组织、培训文化、开发培训资源教你做培训管理
三、HR高管·劳动法			
经营型HRD 黄渊明　著	总结企业HRD如何支撑企业经营成功抓好七件关键事情	**人才供应链：实现高绩效均衡的人才管理模式** 许　锋　著	打造人才供应链的四大支柱，十项修炼的完整体系
新任HR高管如何从0到1 新　海　著	到互联网创业型企业担任HRVP，从0到1建立较完善的HR体系	**人力资源体系与e－HR信息化建设** 刘书生　陈　莹 王美佳　著	6大框架、28个关注点、5大目标、6大优势、166个交付物咨询体系和盘托出
集团化人力资源管理实践 李小勇　著	针对集团型企业人力资源管理急问题，提出科学建议	**我的人力资源管理笔记** 张　伟　著	第三方咨询视角跳出“技术方法”看人力资源管理
人力资源的5分钟劳动法 李皓楠　著	入职管理、在职管理、离职管理中遇到的劳动法问题及应对		
四、HRBP			
HRBP是这样炼成的之菜鸟起飞 黄渊明　著	作者在初步转型HRBP两年时间里摸索实践的亲身经历与总结	**HRBP是这样炼成的之中级修炼** 黄渊明　著	结合作者亲身从事HRBP的工作经历，总结HRBP的作战故事
HRBP高级修炼 黄渊明　著	故事方式，HRD角度深度呈现运用HRBP的思维、方法		

企业文化			
企业文化落地本土实践 王祥伍　著	华夏基石“知信行”模型描绘企业文化落地路线图	**企业文化的逻辑** 王祥伍　著	从文化起源深刻剖析文化、效率、企业、企业文化联系
企业文化定位·落地一本通 王明胤　著	企业文化理念传播和落地聚焦的17种方法，解读了近100个实战案例	**36个拿来就用的企业文化建设工具** 海融心胜　著	汇集整理了36个通用的企业文化实践工具

续表

书名	内容	书名	内容
企业文化激活沟通 宋杼宸　安　琪　著	系统阐述沟通与企业文化的关系，给予企业提升沟通效能的企业文化解决方案	企业文化建设超级漫画版 邢　雷　著	用漫画形式写成的企业文化建设专业书籍，理论体系和29个具体的操作方法
在组织中绽放自我 朱仁建　著	个人与组织之间的关系，文化对组织化形成的影响		
流程管理			
营销·研发·供应链业务架构与流程管理 谭勋晖　著	对营销、研发、供应链这三大业务流程变革实践经验总结	打造集成供应链 王春强　著	第一用力在“集成”上，梳理内外部各相关模块及其依赖关系
人人都要懂流程 金国华　余雅丽　著	50幅流程管理漫画，内部对流程价值理念的高度共识	用流程解放管理者 张国祥　著	8个板块构成，共66篇文章，14幅流程管理图
用流程解放管理者2 张国祥　著	对中小企业规范化流程管理进行系统的阐述	跟我们学建流程体系 陈立云　罗均丽　著	在《跟我们做流程管理》基础上丰富了标杆实践案例
16949质量管理体系落地与全套文件汇编 谭洪华　著	对IATF16949每个条款讲解采用理解、作用、落地、模板、成功案例四个模块解析	ISO9001：2015制造业文件模板全集 贺红喜　著	五篇内容组成的完整的质量管理体系工具文件
精益质量管理实战工具 贺小林　著	四个方面对精益质量管理进行了全方位介绍和解读，并提供大量方法工具	五大质量工具详解及运用案例 谭洪华　著	APQP、FMEA、MSA、SPC、PPAP这五大质量工具的具体运用
IATF16949质量管理体系详解与案例文件汇编 谭洪华　著	针对IATF16949的标准原文做详细解说，同时提供大量表单案例	SA8000：2014社会责任体系认证实战 吕　林　著	将SA8000多版本及10多年的体系实战经验汇编成书
ISO9001：2015新版质量管理体系解读与案例文件汇编 谭洪华　著	ISO9001：2015新版标准理解和运用操作进行详细解读	ISO14001：2015新版环境管理体系解读与案例文件汇编 谭洪华　著	ISO14001：2015改版后的差别和操作运用进行详细讲解
精益生产			
一、精益·JIT·IE			
精益思维 刘承元　著	作者二十余年企业经营和咨询管理的经验总结	比日本工厂更高效 刘承元　著	管理提升无极限+超强经营力+精益改善里的成功实践
计划与物流精益改善之道 于晓光　著	围绕“计划与物流战略咨询的方法论”进行解析，提供方法论和案例	300张现场图看懂精益5S 乐　涛　著	通过日本丰田、上市企业案例，用300张现场图系统讲解5S管理
3A顾问精益实践1：IE与效率提升 党新民　苏迎斌 蓝旭日　著	系统、全面地介绍IE工厂管理技术，提高效率创造价值	3A顾问精益实践2：JIT与精益改善 肖智军　党新民　著	系统、全面地介绍JIT生产方式，并加入实践案例
高员工流失率下的精益生产 余伟辉　著	从三方面论述推行精益管理时如何应对员工流失		

续表

书名	内容	书名	内容
二、生产管理			
化工企业工艺安全管理实操 黄　娜　著	围绕化工工艺安全14要素来展开分析	手把手教你做专业生产经理 黄　娜　著	生产经理如何在信息流、物流、资金流三大流中开展工作
欧博心法：好工厂　靠管理 曾　伟　著	从管人篇和管事篇帮助读者解决人难管、事难控	欧博工厂案例1：生产计划管控对话录 曾　伟　曾子豪　著	工厂管理生产计划管控模块的8个全景细节大案例
欧博工厂案例2：品质技术改善对话录 曾　伟　曾子豪　著	工厂管理品质、技术、效率管理模块的10个全景细节大案例	欧博工厂案例3：员工执行力提升对话录 曾　伟　曾子豪　著	工厂管理人员管控模块的5个全景细节大案例
工厂管理实战工具 曾　伟　著	中国传统文化指导下的工厂管理工具		
全能型班组：城市能源互联网与电力班组升级 国网天津电力公司　著	从互联网时期的班组转型升级出发，对新型班组组织模式和运行机制进行设想	国网天津电力全能型班组建设实务 国网天津电力公司　著	聚焦天津电力公司在探索全能型班组转型升级时的优秀实践
车间人员管理那些事儿 岑立聪　著	小事入手把基层车间管理者头疼的事务打包解决		
咨询·培训师			
培训师事业长青之道 廖信琳　著	培训师自我管理的“洋葱模型”，十项内容与五个层级	管理咨询师的第一本书 熊亚柱　著	深度剖析初级入行咨询师在工作中会遇到的问题
资深管理咨询顾问工作心得 张国祥　著	使用手册讲述咨询师如何操作项目，老板如何选择咨询师，企业如何自主落地	手把手教你做顶尖企业内训师 熊亚柱　著	从开、控、收、编、制、用的角度去践行培训师的职责
TTT培训师精进三部曲上 廖信林　著	手把手教您“深度改善现场培训效果”的一招一式	TTT培训师精进三部曲中 廖信林　著	建构一整套培训课程设计与开发的认知架构和方法体系
TTT培训师精进三部曲下 廖信林　著	通过“沉淀职业功力的六度模型”，帮助培训师在职业技能上的持续精进		
产品·研发			
研发体系改进之道 靖　爽　陈年根 马鸣明　著	取材数十家企业研发改进的咨询实践，提炼一套实操的改进步骤与工具	新产品开发管理，就用IPD（升级版） 郭富才　著	把产品经营的思想凝结在新产品开发管理机制中，升级版更丰富
产品开发管理：方法·流程·工具 任彭枞　著	结合超过300家企业的实际研发管理方法，总结问题和方法，大量表格	资深项目经理这样做新产品开发管理 秦海林　著	采用过程管理方法，对新产品开发的四大过程进行分析，主要针对小电器产品
产品炼金术Ⅰ：如何打造畅销产品 史贤龙　著	如何打造畅销产品的四个方法	产品炼金术Ⅱ：如何用产品驱动企业成长 史贤龙　著	经营者视角重新认识产品，对产品现状快速诊断
中东历史与现状二十讲 黄民兴　著	对中东几千年的历史和动荡的现状进行了一个白描	非暴力抵抗的诞生 甘　地　著	甘地南非21年为印度侨民争取政治权利的艰苦历程

续表

书名	内容	书名	内容
中国古代政治制度上：皇帝制度与中央政府 刘文瑞　著	探究中国古代政治制度的规则和机制，论证古代皇帝制度的形成和演变历程	**中国古代政治制度下：地方体制与官僚制度** 刘文瑞　著	探究中国古代政治制度的规则和机制，论证古代地方政府的发展演变过程
两晋南北朝十二讲 李文才　著	分12个专题对两晋南北朝的历史进行阐述	**每个中国人身上的春秋基因** 史贤龙　著	透过真实的春秋历史，看到人性里的黑暗与光明、卑劣与高尚
二、哲学			
车过麻城·再晤李贽 张再林　著	用游记的方式，展示李贽独到的学术眼力和理论建树	**王阳明万物一体论** 陈立胜　著	“万物一体”是王阳明思想的基本精神。大人者，能与天地万物为一体
自我与世界：以问题为中心的现象学运动研究 陈立胜　著	对现象学运动之中的“意向性”“自我”“他人”“身体”及“世界”进行深入分析	**作为身体哲学的中国古代哲学** 张再林　著	对中国古代哲学之性质内容给予一种全新的理论解读
中西哲学的歧义与汇通 张再林　著	揭示中西哲学“你中有我，我中有你”之旨		
三、传统文化			
与老子一起思考·道篇 史贤龙　著	一本将《老子》思想本义、思想价值、思想史地位、文明史意义讲透的著作	**与老子一起思考·德篇** 史贤龙　著	考、释、译、论四个方面的工作对《老子》进行解读
国富策：读管子知天下财富 翟玉忠　著	《管子》轻重十六篇为核心的轻重术，深刻阐发并从中汲取有益时代的经验教训	**说服天下：鬼谷子的中国沟通术** 翟玉忠　著	为纵横家正名，对纵横术进行了系统总结
中国商道 翟玉忠　著	对中国先秦和明清时期商业典籍系统整理和诠释	**梁涛讲孟子之万章篇** 梁　涛　著	对《万章》的讲解通俗、富有新意
中国思想文化十八讲 张茂泽　著	中国宗教文化课程10年基础上撰写而成，介绍中国古代宗教思想	**孔门心法，中道而行：史幼波中庸讲记** 史幼波　著	史幼波讲的《中庸》提炼出中华传统心性之学的精髓
大学之道，圣学纲目：史幼波大学讲记 史幼波　著	史幼波讲的《大学》帮助我们在自己身上找到一个精神的皈依处	**史幼波《周子通书》《太极图说》讲记** 史幼波　著	根据史幼波围绕这两篇儒学经典的系列讲座整理而成
四、书法·太极·教育·英语			
跟陈忠建学写名家书法Ⅰ 陈忠建　著	用视频跟陈忠建学名家书法之楷书·行书	**跟陈忠建学写名家书法Ⅱ** 陈忠建　著	用视频跟陈忠建学名家书法之隶书·楷书·行书
郑子太极拳理拳法 杨竣雄　著	作者14岁入郑子太极之门，用故事性的方式讲述教学	**内功太极拳训练教程** 王铁仁　著	训练方法及练习，用内气演练过程予以详析，有视频
别让你的执着毁了孩子 廖信林　著	复盘与孩子互动过程中的关键时刻，有效的亲子教育	**像美国人一样讲话** 马方旭　著	美国最常用的800句习惯用语搭配场景例句，有视频